J'INTÈGRE LA FONCTION PUBLIQUE

Catégories A, B et C

2021
2022

LES COLLECTIVITÉS TERRITORIALES

En fiches et QCM

Odile Meyer

Formatrice au CNFPT
et préparatrice aux concours internes et externes
de la fonction publique territoriale

DUNOD

Direction et conception graphique : Élisabeth Hébert

Mise en page : PCA

11, rue Paul Bert, 92240 Malakoff
www.dunod.com
ISBN : 978-2-10-082381-9

TABLE DES MATIÈRES

Partie 3 : La fonction publique

PRÉPARER VOTRE CONCOURS

En vous inscrivant à un concours territorial, vous souhaitez intégrer un service municipal, un conseil départemental, un conseil régional ou un établissement public local ou intercommunal. Cette personne morale s'insère dans un contexte juridique complexe et est régie par des lois et des textes multiples. Une commune, un département, la région ont en charge l'organisation de l'espace pour le bien-être individuel et collectif de ses habitants. Ces espaces assurent leurs missions d'intérêt général avec l'aide d'agents territoriaux et disposent d'un budget propre mais sont soumis à des contrôles. Il s'agit pour le candidat d'être capable de se situer dans une collectivité, mais aussi de situer cette dernière et ses activités dans le paysage administratif global.

Au vu du principe constitutionnel d'égalité d'accès à l'emploi public, le législateur a mis en place un système anonyme garantissant au mieux cette égalité entre tous les candidats : le concours. Un concours est donc une modalité de recrutement. Par cette épreuve, et au-delà de l'appréciation des compétences professionnelles des candidats qui ne font pas l'objet de cet ouvrage, l'administration s'assure qu'ils possèdent un minimum de bagage leur permettant d'appréhender non seulement qui sera leur futur employeur, mais aussi ce qu'il a en charge et quels sont les moyens à sa disposition pour répondre à ses obligations. De plus, le candidat aura des devoirs et des droits en sa future qualité de fonctionnaire, qu'il doit connaître et être en mesure d'expliquer.

Tous les concours et examens professionnels de la fonction publique territoriale, quel que soit le niveau, font donc appel à une culture spécifique : **la culture territoriale**.

Cet ouvrage n'est pas un manuel d'apport de connaissances, mais, par lui, le candidat va vérifier l'acquisition de ces différents éléments. Les corrigés donnent quelques informations complémentaires. En revanche, le candidat pourra se reporter au manuel *Les collectivités territoriales* du même auteur, chez Dunod.

Selon les concours, ces connaissances seront évaluées par deux types d'épreuves.

Pour certains concours de catégorie C, l'évaluation de ces connaissances s'effectue par une épreuve écrite sous la forme d'un questionnaire à choix multiples (QCM).

Pour tous les autres concours, ces connaissances seront évaluées lors d'un entretien avec un jury. Les questions du QCM sont aussi celles posées aux candidats. Cependant, la réponse devant être orale, il est essentiel que le candidat s'entraîne à une réponse verbale, à voix haute. En effet, tout le monde à une petite idée de ce qu'est, par exemple, un service public. Mais quand le jury pose cette question (à quasiment tous les candidats) très peu sont capables d'en donner une définition claire ! Seul un entraînement à voix haute permettra au candidat de maîtriser cette épreuve.

Il est conseillé aux candidats de consulter les sites des centres de gestion territoriaux organisateurs des concours (sur le site national www.fncdg.com vous trouverez le lien vers chaque site départemental) afin de vérifier les épreuves et contenu propre à chaque concours. Certains centres de gestion mettent aussi en ligne des anales de concours.

Le candidat pourra aussi se reporter aux documents présentant le cadre d'emplois mis au concours et envoyé par les centres de gestion avec le dossier d'inscription aux concours. Ce cadre d'emplois précise non seulement les épreuves dudit concours, mais aussi les missions qui peuvent être confiées aux personnels de ces cadres d'emplois. Au-delà des questions de culture territoriale, cela lui permettra d'évaluer le champ des questions qui peuvent aussi lui être posées par le jury.

1 L'épreuve orale d'admission du concours

La durée de l'épreuve varie suivant les concours, mais est généralement d'environ 15 à 20 minutes. Le coefficient est de 2 ou 3. Ces éléments sont précisés dans le cadre d'emplois de chaque concours.

Toute note inférieure à 5/20 est éliminatoire.

Le but de l'épreuve est de permettre au jury de faire un choix parmi tous les candidats qui se sont présentés.

Le jury va tenter d'évaluer les aptitudes du candidat, en particulier ses capacités d'adaptation aux fonctions qui lui seraient confiées s'il était recruté, ses qualités professionnelles, de réflexion ou d'analyse et de compréhension de son environnement. Bien sûr, cette évaluation sera fonction du niveau du concours : on ne demande pas la même chose à un agent de catégorie C (fonctions d'exécution) ou à un agent de catégorie A (fonctions d'encadrement).

Ne pas oublier que cette épreuve **équivaut à un entretien de recrutement** dans la fonction publique. Il s'agit de montrer (voire de prouver) au jury, tout à la fois :

- que vous êtes particulièrement motivé(e) pour les missions qui pourraient vous être confiées ;
- que votre éventuel recrutement apportera toutes les garanties de qualité et de sérieux attendues par votre futur employeur.

2 Comment entrer dans la fonction publique ?

On entend, par « fonction publique », l'ensemble des fonctionnaires, qu'ils travaillent dans un service public de l'État, dans une collectivité territoriale ou dans un établissement public.

La Constitution française a prévu l'égalité de tous les citoyens à l'accès à l'emploi public. Ainsi, le parcours normal d'entrée dans la fonction publique va passer par cette épreuve anonyme qui reste un des seuls moyens actuels de mettre tous les candidats à pied d'égalité : le concours.

La quasi-totalité des concours pour l'accès à la fonction publique territoriale (ou les examens professionnels dans le cadre de la promotion interne), comporte une épreuve orale d'admission consistant en un entretien avec le jury «permettant de préciser la motivation du candidat et son aptitude à exercer les missions incombant au cadre d'emplois».

3 Un cadre d'emplois ?

C'est un ensemble de règles regroupant les conditions de recrutement, de rémunération, de déroulement de carrière... des fonctionnaires exerçant des missions similaires au sein d'une administration, comme, les cadres d'emplois : des assistants socio-éducatifs, des adjoints administratifs, des animateurs, des techniciens, etc. Il y a un concours spécifique pour chaque cadre d'emplois.

Il existe dans la fonction publique territoriale une cinquantaine de cadres d'emplois mais environ 250 métiers. Un cadre d'emplois peut donc regrouper plusieurs métiers. Ainsi, celui des assistants socio-éducatifs regroupe les assistants de service social, les éducateurs spécialisés et les éducateurs en économie sociale et familiale. Le cadre d'emploi des rédacteurs regroupe tous les métiers liés à la gestion administrative. Un rédacteur peut exercer des missions de secrétariat, de comptabilité, de communication..., dans des services aussi différents que le secteur juridique, l'urbanisme, la gestion de l'eau, les ressources humaines, etc.

Afin de mieux vous préparer à cette épreuve, il est essentiel de disposer des éléments constituant le cadre d'emplois du concours que vous souhaitez passer. Vous obtiendrez ces données sur les sites du CNFPT ou des CDG ou CIG organisateurs des concours, dont les adresses figurent en fin d'ouvrage. Vous aurez ainsi, outre le contenu de chaque épreuve, des indications sur les capacités et compétences attendues des candidats et sur lesquelles ils seront évalués.

4 Le concours

Tout d'abord, ne pas confondre les concours d'accès à la fonction avec les concours d'accès dans des écoles ou les diplômes de sortie de filières professionnelles ou non. Certaines écoles organisent un concours afin de sélectionner les candidats pour l'accès à leurs filières de formation. À l'issue de la formation, le diplôme sanctionne les connaissances acquises permettant d'exercer un métier. Si le titulaire du diplôme souhaite exercer son métier dans la fonction publique, il sera mis à égalité d'accès avec tous les candidats à l'emploi public lors d'une épreuve anonyme, le concours.

1. Les étapes de l'épreuve

La plupart des concours ou examens professionnels se passent en deux temps :

- *L'admissibilité*, consiste souvent en une ou plusieurs épreuves écrites.

Si le candidat est déclaré, *admissible* par le jury, il pourra accéder à la seconde étape :

- *L'admission* consiste en une ou plusieurs épreuves, pour la plupart, orales. Sont déclarés admis, les candidats qui ont obtenu les meilleures notes. Le nombre de lauréats correspond au nombre de postes déclarés vacants par les collectivités du ou des départements organisateurs du concours.

Toutefois, certains concours ne comportent qu'une épreuve orale d'admission.

Sur les sites des organisateurs des concours, vous connaîtrez, pour chaque cadre d'emplois, les conditions d'accès, le type d'épreuves et le contenu de ces épreuves, différents pour chaque concours.

2. Concours ou examen, quelle différence ?

Pour réussir un examen, il suffit d'avoir la note moyenne, 10/20, comme pour un diplôme.

Cependant, pour un concours, s'il est déclaré 200 postes vacants, il n'y aura que 200 lauréats, et ce seront les 200 meilleurs. Même si la note du 201ᵉ est au-dessus de la moyenne, il ne sera pas lauréat !

5 Qui sera votre futur employeur dans la fonction publique territoriale ?

Vous allez passer un concours de la fonction publique territoriale, vous serez donc amené(e) à travailler dans une collectivité territoriale ou un établissement public local. Vous pourrez effectuer vos missions au sein d'une commune comme personnel municipal, au sein d'un conseil départemental comme personnel départemental ou au sein de la collectivité région, et vous serez personnel régional. Mais vous pouvez aussi travailler dans un établissement public local comme un syndicat intercommunal ou un centre communal d'action sociale (CCAS), par exemple.

Votre futur employeur sera donc la personne morale locale représentée par le maire, ou l'un des présidents de ces conseils.

Le candidat qui souhaite être recruté, doit au minimum connaître l'organisation et les missions prises en charge par son futur employeur. Ce sera l'objet d'une partie des questions du jury du concours qui devient de plus en plus exigeant sur ces questions.

6 Le questionnaire à choix multiples

Cet ouvrage propose aux candidats aux concours territoriaux des questions leur permettant d'évaluer leurs connaissances acquises dans ce domaine de la culture territoriale. Les questions et items de l'ouvrage reprennent en une grande partie les questions de divers concours territoriaux. C'est donc un outil à la disposition du candidat pour un véritable entraînement à cette épreuve.

Toutefois, les concours à QCM écrit comportent environ un tiers à une petite moitié de questions sur l'environnement territorial, et le reste des questions porte sur des notions professionnelles comme des notions d'hygiène et de sécurité. Cette seconde partie n'est pas traitée dans cet ouvrage car propre à chaque métier.

Il n'y a pas un nombre réglementaire de questions pour chaque concours, mais chaque jury va construire un questionnaire en tenant compte que l'épreuve doit durer 45 minutes En général, le nombre de questions varie entre cinquante et soixante questions, ce qui laisse 20 à 25 questions sur les notions élémentaires relatives à l'organisation et au fonctionnement des collectivités locales ainsi qu'au statut du fonctionnaire.

Le candidat sera très attentif aux consignes données aussi bien oralement que sur la feuille par l'organisateur du concours. Parfois, il est demandé au candidat de mettre une croix dans une case, parfois il devra noircir une case sans dépasser, car la correction de la copie se fera par une machine à lecture optique qui rejettera toute copie non conforme.

Il se peut que le candidat puisse utiliser un stylo correcteur, mais pour un autre concours ou dans un autre département, il peut aussi être strictement interdit. Le candidat devra respecter scrupuleusement les consignes s'il ne veut pas que sa copie soit éliminée.

Le doute ne profite jamais au candidat. Une case mal remplie, en partie effacée ou noircie puis rayée ne comptera pas. L'ensemble de la réponse sera toujours apprécié comme fausse.

À chaque question, il est proposé deux ou plusieurs items possibles. Bien lire l'ensemble des items proposés de chaque question avant de cocher. Attention aux questions à la forme négative, du style « le département n'a pas pour compétence » qui sont un peu piégeantes après vingt questions à la forme positive « le département a pour compétence ». De même que les questions du style « cocher les affirmations fausses ».

En général, il est précisé pour l'ensemble du QCM que chaque question peut recevoir une ou plusieurs bonnes réponses.

Si le candidat coche l'ensemble des bonnes réponses, il aura 1 point.

S'il coche deux bonnes réponses sur les trois qu'il aurait dû cocher, la question sera considérée comme fausse. De même s'il coche une quatrième réponse en plus des trois bonnes.

Pour avoir 1 point, il faut cocher **toutes** les bonnes réponses et **seulement** les bonnes réponses.

Exemple :
Le maire est élu :

- ❑ Au suffrage universel
- ❑ Au suffrage censitaire
- ❑ Tous les 5 ans
- ❑ Tous les 6 ans
- ❑ Par le conseil municipal
- ❑ Par la population

Les bonnes réponses étant « au suffrage universel », « tous les 6 ans » et « par le conseil municipal », vous obtenez 1 point en remplissant la grille ainsi :

1	2	3	4	5	6	= 1 point
■	□	□	■	■	□	

Si vous ne cochez que deux bonnes réponses sur les trois, vous obtenez 0 point. Par exemple, ci-dessous vous ne répondez que « au suffrage universel » et « tous les 6 ans » :

1	2	3	4	5	6	= 0 point
■	□	□	■	□	□	

Si vous avez les trois bonnes réponses, mais que vous y ajoutez une fausse, vous obtenez également 0 point. Ci-dessous, vous avez répondu « par la population » en plus des trois autres :

1	2	3	4	5	6	= 0 point
■	□	□	■	■	■	

7 L'évaluation des jurys de l'épreuve orale

1. La grille d'entretien

Les jurys se dotent généralement d'une grille d'entretien afin d'assurer au mieux l'égalité de traitement entre les candidats. La répartition du nombre de points peut varier pour un concours ou un examen professionnel et d'une session à l'autre, **chaque jury étant souverain**.

En voici deux en exemples, à titre indicatif :

Pour un concours de catégorie C

1 – Projet professionnel	2 minutes	2 points
2 – Aptitude à exercer les missions **conception du métier et positionnement professionnel** **connaissances institutionnelles**	10 minutes 3 minutes	11 points 4 points
3 – Motivation du candidat	Tout au long de l'entretien	3 points

Pour un examen professionnel catégorie B

1 – Expérience professionnelle	5 minutes	4 points
2 – Aptitude à exercer les missions **connaissances professionnelles** **aptitude à l'encadrement**	6 minutes 5 minutes	5 points 4 points
3 – Connaissance de l'environnement territorial	4 minutes	4 points
4 – Motivation du candidat	Tout au long de l'entretien	2 points

2. L'appréciation des jurys

Les jurys remarquent que, la plupart du temps, il y a un écart important entre les notes obtenues à l'oral qui sont bien meilleures que celles obtenues à l'écrit.

Les candidats qui se sont formés obtiennent manifestement de bien meilleures notes que les autres. Mais certains ont repéré des candidats qui se sont contentés d'un apprentissage «par cœur» sans avoir véritablement intégré, compris le contexte.

Pour les candidats déjà recrutés dans les collectivités, les jurys sont de plus en plus soucieux de les interroger sur des questions transversales. Quelle conscience a le candidat des relations de partenariat existantes, les contraintes budgétaires ou l'évaluation des actions, par exemple.

Il leur semble important de ne pas réduire cette épreuve à de simples questions techniques, mais d'évaluer le candidat sur ses capacités d'ouverture et de recul par rapport à ses missions au quotidien.

Pour ce faire, certains jurys préconisent une augmentation des questions de mise en situation, de cas concrets, qui permettraient de mieux évaluer la connaissance du candidat par rapport à sa prise en compte des situations dans leur globalité.

Ils rappellent que la connaissance de l'actualité est indispensable et que l'ouverture des candidats à des réalités qui sortent du champ d'exercice quotidien de leurs responsabilités doit être évaluée.

Le jury observe que les candidats doivent non seulement savoir inscrire leurs réponses aux questions professionnelles dans le contexte de l'exercice de leurs missions au sein de collectivités territoriales mais aussi être capables de répondre à des questions « citoyennes » sans lien direct avec leurs missions.

Il semble que trop de candidats donnent, par exemple, l'impression de n'avoir à rendre de comptes à personne ou de ne pas parvenir à prendre l'exacte mesure de leur place et de leur rôle dans « leur » structure.

Certains jurys ont souligné la méconnaissance des candidats des règles statutaires qui leur sont applicables : statuts particuliers, conditions de nomination, droits et obligations du fonctionnaire, déroulement de carrière... Un renforcement de ces questions devrait intervenir dans les prochaines sessions.

D'une façon générale, ils insistent tout particulièrement auprès des futurs candidats sur la nécessité de maîtriser les questions portant sur l'environnement institutionnel. Il est en effet totalement anormal que des professionnels diplômés qui aspirent à faire carrière dans la fonction publique territoriale, et qui pour bon nombre d'entre eux sont déjà en fonction dans des collectivités territoriales, ne possèdent même pas une culture de base citoyenne et méconnaissent totalement le mode de fonctionnement des collectivités auprès desquelles ils exercent ou exerceront.

Remarques

- Les connaissances institutionnelles demeurent trop souvent insuffisantes et trop nombreux sont les candidats qui ne font preuve d'aucune motivation réelle pour collaborer à l'exercice du service public, dont ils ignorent jusqu'à la définition même !

  Le jury préconise que ces questions institutionnelles soient revalorisées, lors des prochaines sessions, dans la notation et l'évaluation de la prestation des candidats.

  Le jury suggère également que la technicité des candidats diplômés puisse être vérifiée de manière plus approfondie par des questions appelant un développement autonome par le candidat, et qu'en outre l'exigence en matière de management d'équipe soit renforcée.

- Les meilleurs candidats ont su dépasser la référence à leur seule pratique professionnelle quotidienne. Ils ont également su démontrer leurs capacités d'analyse et leur aptitude à prendre du recul et à se projeter dans les fonctions correspondant au niveau du concours. Ces critères ont permis aux jurys d'opérer la distinction entre les candidats.

LES CHIFFRES-CLÉS

67,2 millions d'habitants en France au 01/01/2018[1]

Répartition des communes selon leur taille en 2016		
Taille	**Nb.**	**% de la population**
De 0 à 199 hab.	8 923	1,6 %
De 200 à 499 hab.	9 860	4,9 %
De 500 à 1999 hab.	11 340	16,8 %
De 2 000 à 4 999 hab.	3 144	14,7 %
De 5 000 à 9 999 hab.	1 177	12,4 %
De 10 000 à 19 999 hab.	516	10,8 %
De 20 000 à 49 999 hab.	331	15,3 %
De 50 000 à 99 999 hab.	83	8,3 %
100 000 hab. et plus.	42	15,3 %

Répartition des départements selon leur taille		
Taille	**Nb.**	**% de la population**
moins de 300 000 hab.	26	7,9 %
300 000 à 499 999 hab.	24	13,9 %
500 000 à 799 999 hab.	24	23,2 %
800 000 hab. ou plus.	27	55,0 %

1. Estimation Insee.

Répartitions des régions selon leur taille		
Taille	**Nb.**	**% de la population**
moins de 1 000 000 hab.	6	3,7 %
1 000 000 à 1 999 999 hab.	5	23,7 %
2 000 000 à 3 999 999 hab.	4	33,5 %
4 000 000 d'hab. ou plus.	3	39,1 %

Les 15 plus grandes communes (en nombre d'habitants)

Rang	Ville (n° du dép.)	Population municipale		Taux d'évolution
		2012	2017	
1	Paris (75)	2 234 105	2 220 445	–0,6 %
2	Marseille (13)	850 602	858 120	+0,9 %
3	Lyon (69)	479 803	506 615	+5,6 %
4	Toulouse (31)	440 204	466 297	+5,9 %
5	Nice (06)	340 735	343 895	+0,9 %
6	Nantes (44)	282 047	298 029	+5,7 %
7	Strasbourg (67)	271 708	276 170	+1,6 %
8	Montpellier (34)	255 080	275 318	+7,9 %
9	Bordeaux (33)	236 725	246 586	+4,2 %
10	Lille (59)	226 827	233 897	+3,1 %
11	Rennes (35)	206 604	213 454	+3,3 %
12	Reims (51)	180 842	183 042	+1,2 %
13	Le Havre (76)	177 259	172 807	–2,5 %
14	Saint-Étienne (42)	171 961	170 761	–0,7 %
15	Toulon (83)	165 514	165 584	+0,0 %

L'intercommunalité à fiscalité propre au 1er janvier 2019

Important

99,9 % des communes et 99,7 % de la population sont administrés en intercommunalité.

Groupements à fiscalité propre	Nb.	Nb. de communes regroupées	Population (millions d'hab.)
Métropole	21	904	18
Communauté urbaine	13	589	2,9
Communauté d'agglomération	223	7 488	23,5
Communauté de communes	817	20 797	19,3
Communauté à fiscalité additionnelle	184	5 129	2,9
Métropole de Lyon	1	59	1,4
Total	**1 259**	**34 966**	**68,01**

Source : DGCL et AdCF.

Les principaux transferts de l'État aux collectivités en 2018

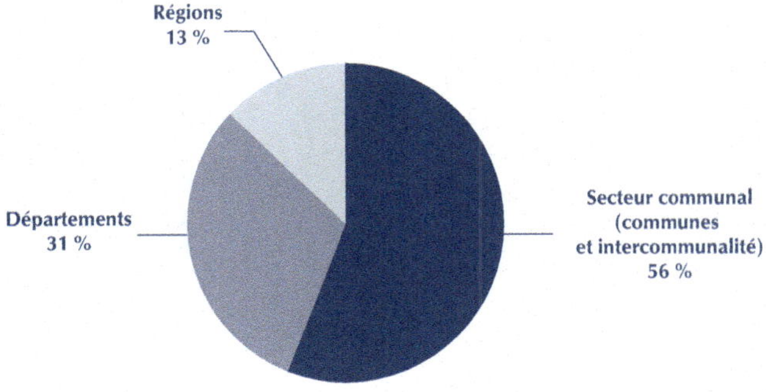

L'ensemble des transferts de l'État aux collectivités : 104,8 Md€, dont :

- dotation globale de fonctionnement : 27 Md€ ;
- fiscalité transférée : 34,8 Md€ ;
- contrepartie des dégrèvements législatifs : 15 Md€.

Transferts financiers de l'État en Md€ aux collectivités territoriales en 2018 (104,8 Md€)

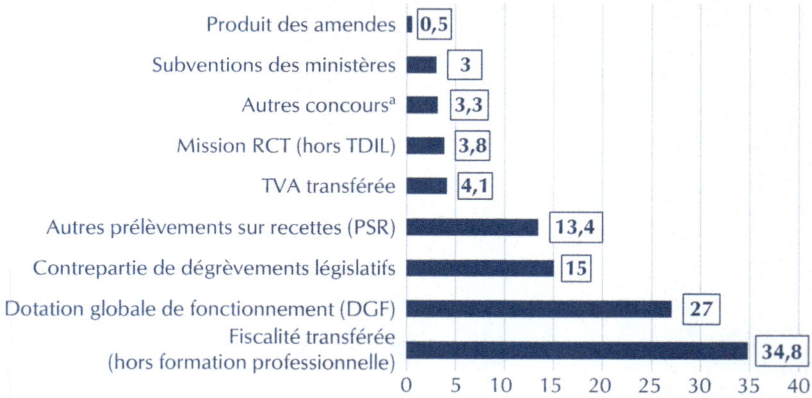

a. TDIL, fonds emprunts structurés, ressources formation professionnelle et apprentissage.

Source : Loi de finances initiale.

Répartition de la DGF entre catégories de collectivités en 2018

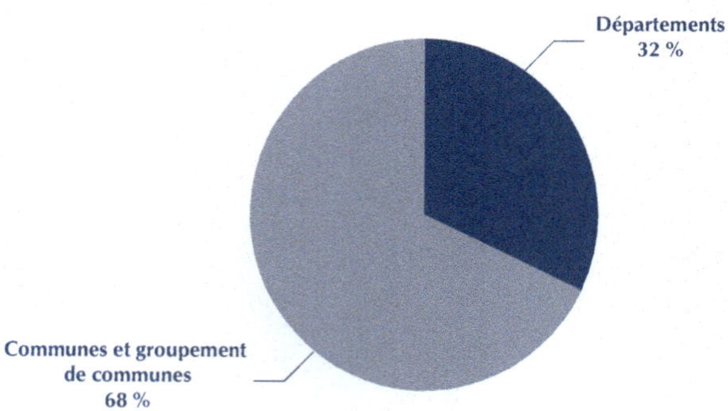

Source : DGCL, bureau des concours financiers de l'État

- Communes et groupements de communes : 18,3 Md€
- Départements : 8,6 Md€

Les effectifs des collectivités territoriales par niveau de collectivité (en milliers)

	2016
Communes et établissements communaux	1 140,1
Organismes intercommunaux	299,8
Départements et établissements départementaux [a]	351,2
Régions	86,3
Autres [b]	8,4
Emplois principaux hors emplois aidés	**1 885,8**
Emplois aidés	91,4
Emplois principaux	**1 977,2**
Emplois principaux des trois versants de la fonction publique, y compris emplois aidés	5 669,5

a. Services départementaux d'incendie et de secours, centres de gestion...

b. OPHLM, caisses de crédit municipal, régies, EPA locaux.

Source : Insee, SIASP.

Champ : France hors Mayotte. Tous statuts, y compris assistants maternels et apprentis

Les effectifs des collectivités territoriales par statut (en milliers)

	2016
Fonctionnaires	1 469,3
Contractuels	356,8
Autres [a]	59,7
Emplois aidés	91,4
Emplois principaux	**1 977,2**

a. Collaborateurs de cabinet, assistants maternels et familiaux, apprentis.

Source : Insee, SIASP.
Champ : France hors Mayotte. Tous statuts, y compris assistants maternels et apprentis.

PARTIE 1

L'État

FICHE 1

L'État, son organisation

OBJECTIFS

Pour votre concours, vous devez être capable de :

- Définir la notion d'État.
- Expliquer son organisation générale.
- Citer les différents pouvoirs dans une démocratie et par qui ils sont détenus.
- Définir où sont les grandes règles de l'organisation de ces pouvoirs.
- Citer le représentant local de l'État.

État

Définition

Les éléments constitutifs d'un État sont :

- un **territoire** déterminé ;
- une **population** permanente ;
- une **personne morale**, de droit public... ;
- ... dotée de la **personnalité juridique**, donc possédant des droits et des obligations...
- ... ce qui permet de lui confier des **pouvoirs** : **législatif**, **exécutif** et **judiciaire** ;
- dont l'autorité s'exerce sur l'ensemble de la population (**prérogative de puissance publique**) ;
- dont l'organisation, du moins dans un État démocratique, est le **fruit de la volonté d'un peuple**.

L'État est une personne morale...

Une personne morale est un regroupement d'individus. Ce peut être une personne morale de droit public - l'État ou une collectivité territoriale - ou de droit privé - une association ou une entreprise.

La personne morale de l'État peut être représentée par une personne physique, comme le président de la République, un ministre ou un préfet, qui exerce une autorité au nom de l'État.

...dotée de la personnalité juridique...

La personnalité juridique détenue par une personne physique ou morale lui confère des droits et des obligations. Elle rend responsable de leurs choix, de leurs actes et de leurs conséquences devant la société ceux qui en sont détenteurs.

Cette autonomie permet aussi la **souveraineté** de l'État, c'est-à-dire l'indépendance de l'autorité publique sur son territoire par rapport à d'autres États ou à des instances internationales. Dans un État démocratique, la souveraineté appartient au peuple et est exercée par les représentants qu'il a élus.

...qui se fixe des règles...

Toute société a besoin de règles pour « vivre ensemble ». Règles qui concernent le domaine privé, regroupées dans le **droit privé**, et règles qui prennent en compte la structure sociale, c'est le **droit public**. Ce dernier organise le pouvoir politique et administratif aux divers échelons de la société. Le texte fondateur d'un État, qui définit les rôles et pouvoirs de chacun, est la **Constitution**. Les lois, décrets, arrêtés, délibérations... complètent l'arsenal de ces règles.

...et s'organise

Il est nécessaire d'installer des structures de gestion du pouvoir. La Constitution française du 4 octobre 1958, actuellement en vigueur, prévoit la mise en place des différents éléments du pouvoir, leurs liens entre eux, leurs attributions, leurs limites et leurs responsabilités.

L'exercice des pouvoirs

Afin d'éviter sa concentration dans les mains d'un seul représentant, en démocratie ce pouvoir est en subdivisé en trois éléments :

1. Le pouvoir législatif	2. Le pouvoir exécutif	3. Le pouvoir judiciaire

Là encore, le pouvoir est à nouveau confié, non pas à une personne, mais à des assemblées de représentants de la population ou de ses instances représentatives. Ainsi :

Pouvoir législatif	Pouvoir exécutif	Pouvoir judiciaire
Faire la loi	Proposer les textes puis les mettre à exécution	Chargé de veiller au respect des lois et de régler les conflits
Il est confié au Parlement, lui-même est constitué de deux assemblées : l'Assemblée nationale (577 députés élus par la population) et le Sénat (348 sénateurs élus principalement par des représentants des collectivités territoriales).	Pouvoir bicéphale, il est confié au président de la République et au gouvernement.	Son indépendance de travail est indispensable et est inscrite dans la Constitution. Il est constitué d'un grand nombre d'instances spécialisées comme la Haute Cour de justice, le Conseil constitutionnel, les cours d'assise, les tribunaux d'instance, le conseil des prud'hommes, les ordres professionnels, le tribunal de commerce...

Prérogative de puissance publique

Pour la mise en œuvre des missions d'intérêt général qui vont être nécessaires à la résolution des besoins de la population, l'administration de l'État dispose d'un pouvoir exorbitant : la prérogative de puissance publique. C'est un moyen lui permettant d'imposer unilatéralement sa volonté. L'intérêt général prime sur les intérêts privés.

2 FICHE

Les actes administratifs et leur hiérarchie

OBJECTIFS

Pour votre concours, vous devez être capable de :

- Définir les différentes normes qui encadrent les libertés individuelles.
- Donner la hiérarchie de ces normes avec des exemples concrets aussi bien de la vie quotidienne que professionnelle.
- Préciser les conditions d'exécution des actes administratifs.

Définition

Un acte administratif est un **acte juridique qui ne peut exister que dans le cadre de l'intérêt général**. Il émane d'un organe administratif de l'État ou local, dans le cadre du pouvoir exécutif, contrairement aux actes des organes législatifs (Parlement) ou juridictionnels (tribunaux).

Il existe deux types d'actes :

- les actes unilatéraux ;
- les contrats, actes intéressants plusieurs parties (les contrats, nous le verrons, sont eux-même de deux types).

Les actes unilatéraux

Ils sont élaborés par la personne publique et vont s'imposer dans leur exécution puisqu'ils ne requièrent pas le consentement des administrés.

Les actes unilatéraux sont :

Les actes réglementaires	Les actes non-réglementaires
Ils concernent une situation générale, arrêté municipal sur le stationnement, les règles du Code de la route…	Ils ont une portée individuelle : arrêté de nomination d'un agent, permis de construire, décision d'octroi d'une allocation… Ou une portée collective comme les listes d'aptitude suite à un concours, ou la reconnaissance d'utilité publique d'une association.

Les contrats

À l'inverse, le contrat requiert le consentement des parties contractantes.

Il existe deux types de contrats :

Le contrat administratif	Le contrat de droit privé
Il est conclu entre deux personnes publiques ou entre une personne publique et une personne de droit privé. Il a pour but l'exécution d'un service public : un contrat de délégation de service public, comme pour l'élagage des arbres d'une avenue, auprès d'une entreprise spécialisée…	Lorsque l'administration agit comme une personne privée, sans clause de puissance publique, le contrat est considéré de droit privé : achat d'alimentation pour la cantine, fourniture de bureau…

État

La hiérarchie des normes

Une hiérarchie s'applique entre les textes suivant leurs origines. La norme supérieure aujourd'hui est européenne. Puis s'échelonnent les autres règles qui doivent être conformes à celles qui leur sont supérieures. Ainsi, un arrêté d'un maire ne doit pas être en contradiction avec un décret, une loi ou la Constitution.

Les normes	Exemples de normes
Les règles communautaires/ européennes	Traités, directives européennes...
La Constitution	
Les règles internationales autres qu'européennes	Sur la pêche dans les eaux internationales, les visas, les échanges commerciaux...
Les lois	Votées par le Parlement. Les domaines sont définis dans la Constitution.
Les décrets	Édictés par le président de la République et/ou le Premier ministre.
Tous les autres actes : arrêtés, délibérations, budget... Tout document produisant du droit.	Arrêtés de stationnement, de recrutement d'un agent... Délibération du conseil, contrat d'assurance, marchés publics...

Les actes des collectivités territoriales

Les actes administratifs des collectivités territoriales créent des droits et imposent des obligations. Ils s'intègrent à la hiérarchie des normes et à ce titre doivent respecter les règles qui leur sont supérieures : le contenu d'une délibération d'un conseil départemental ne peut pas être contraire à une loi.

L'exécution des actes administratifs

Pour être exécutoire, c'est-à-dire appliqués, les actes administratifs sont soumis à deux obligations cumulatives :

Les actes collectifs sont publiés pour être portés à la connaissance de la population.

et

Les actes individuels sont notifiés aux intéressés.

→ Transmis au préfet qui, au nom de l'État, effectue un contrôle sur la légalité de la forme et du contenu.

Se reporter à la fiche n° 12 p. 109 sur le contrôle de la légalité.

FICHE 3

Service public – Établissement public

OBJECTIFS

Pour votre concours, vous devez être capable de :

- Donner des exemples de services publics.
- Donner des exemples d'activités d'intérêt général.
- Définir la notion de service public.
- Citer les principes du service public et en donner des exemples concrets de leur application.
- Donner la définition d'un établissement public.
- Citer les différentes familles d'établissements publics.

Définition du service public

Deux points le définissent :

1. Une **activité** qui répond à un besoin d'intérêt général : moyen de garde d'enfants, production d'énergie, transport de la population...
2. Une **structure** qui va prendre en charge cette activité : l'État, une collectivité territoriale, un établissement public...

Toutefois, la mise en œuvre par une personne publique d'une activité d'intérêt général est subordonnée à deux conditions cumulatives :

- le service doit correspondre à un besoin d'intérêt général ;
- la personne publique doit avoir mis en évidence une carence de l'initiative privée dans ce domaine d'intervention.

Repères historiques

Antiquité et Moyen Âge	Existaient des fours communaux, des routes ou des cimetières... Plus tard, les rois ont pris en charge certains besoins de la population, appelés *droits régaliens*, comme la monnaie, la justice ou la protection des frontières.
Révolution française	Le dirigeant n'est plus le «maître», mais devient un organisateur du bien commun. Il n'y a plus de sujets, mais des citoyens. L'impôt va servir à assurer la gestion de services à la population.
Fin XIXe-début XXe siècle	Apparaît la notion actuelle de service public au sens d'organisation de missions d'intérêt général et la situation du pays à la suite de la Première puis de la Seconde Guerre mondiale a accéléré la prise en charge par l'État de nombreux services à la population.
Début XXIe siècle	La remise en cause de la gestion et des coûts liés à la mise en œuvre de ses missions entraîne un questionnement sur le champ d'intervention de la personne publique.

L'intérêt général

C'est la prise en compte d'un besoin collectif d'une partie importante de la population concernée.

Il peut varier en fonction du type de population (jeune ou âgée, avec des emplois ou non, région touristique, citadine ou rurale...), de la géographie du territoire (neige en montagne), de l'évolution de la technologie, des mentalités (bioéthique, avortement...).

L'intérêt général prime sur l'intérêt particulier.

Les principes du service public

L'organisation d'un service public doit obéir à trois principes :

1. **L'égalité**. Des situations identiques doivent être traitées de manière identique, sans discrimination. Toutefois, il peut s'avérer nécessaire de traiter différemment des situations différentes, il en va ainsi de l'égalité version équité (mise en place de quotients familiaux pour régler la crèche). C'est aussi la neutralité dans l'exécution du service.
2. **La continuité**. Le service doit être exécuté régulièrement. Principe à appliquer en fonction des services (24 h/24 pour les hôpitaux, mais pas nécessaire pour l'état civil). Le droit de grève des fonctionnaires peut aller à l'encontre de ce principe.

3. **La mutabilité** (adaptation). Le service public doit s'adapter aux évolutions des besoins de la population.

Les modes de gestion du service public

Pour les activités qui relèvent de la compétence des collectivités territoriales, sauf cas précisés par un texte, elles sont libres de choisir le mode de gestion. Deux grandes possibilités :

La gestion directe

La collectivité prend directement en charge le service rendu à la population. Il fait l'objet d'une décision d'ouverture du conseil et celui-ci vote également les postes de fonctionnaires nécessaires à son fonctionnement.
Le budget de la collectivité inclut toutes les dépenses et recettes nécessaires à son exécution.

La gestion indirecte ou déléguée

Dite aussi délégation de service public (DSP).
La mission d'intérêt général est confiée à une autre personne morale que la collectivité.
Deux possibilités s'offrent aux collectivités :

Établissement public

Personne morale, dotée de la personnalité juridique, de droit public (CCAS, OPH, SIVOM...)

Personne morale de droit privé

Dotée aussi de la personnalité juridique, mais de droit privé : une entreprise d'élagage pour élaguer les arbres des avenues communales, un cabinet d'architecture pour concevoir les prochains bâtiments scolaires.
En général, le choix de l'entreprise fait l'objet préalable d'une procédure de marché public.

Définition des établissements publics

Ce sont des personnes morales, dotées de la personnalité juridique, obéissant aux règles du droit public. Créés par l'État, une collectivité territoriale ou un autre établissement public ayant compétence dans ce domaine, **ils prennent en charge la gestion d'un ou de plusieurs services à la population**. Ils ont aussi une prérogative de puissance publique (pouvant donc prendre des décisions unilatérales) et sont soumis au principe de spécialité (ils n'ont donc pas, contrairement aux collectivités territoriales, la clause générale de compétences).

Organisation des établissements publics

Sur le même schéma que les collectivités, ils sont constitués ainsi :

Organe délibérant	Organe exécutif
Le conseil d'administration	**Le président du conseil d'administration**
Il est composé de représentants de la collectivité qui le crée et de représentants désignés par des organismes participant à ses missions.	Il est élu de même que les vice-présidents parmi les membres du conseil d'administration.

Types d'établissements publics

Comme toute personne morale, l'établissement public possède des biens matériels. Il dispose d'un budget autonome, détaché du budget général de la collectivité territoriale dont il dépend.

Il existe deux grandes « familles » :

EPA Établissment public administratif	EPIC Établissement public industriel et commercial
Il a une certaine autonomie administrative et fnancière pour assurer des misions autres qu'industrielles et commerciales. Les personnels sont générale-ment des fonctionnaires. *Exemple : Pôle Emploi, Caisse des écoles, STIF (Syndicat des transports d'Ile-de-France), CNED (Centre national d'enseignement à distance), SDIS (service départemental d'incendie et de secours)...*	Il exerce des missions qui pourraient être confiées à une entreprise industrielle ou commerciale mais que la personne public ne souhaite pas exposer à la concurrence. Les personnels sont générale-ment soumis aux règles du droit privé. *Exemple: SNCF, RATP, Opéra de Paris, les OPH (offices public de l'habitat), la RMN (Réunion des musées nationaux), le CEA (Com-missariat à l'énergie atomique)...*

Exemples

	OPH (EPIC)	CCAS (EPA)
Rôle	L'**O**ffice **p**ublic de l'**h**abitat a pour mission de favoriser le logement social par l'acquisition, la construction, la réha-bilitation et la gestion d'immeubles. Il est créé par une commune, un EPCI ou un département.	Le **C**entre **c**ommunal d'**a**ction **s**ociale anime des actions de prévention et de développement social, en lien avec les institu-tions publiques du territoire (commune, département, État), et privées (associations). Intercommunal en zone rurale, CIAS.

État

	OPH (EPIC)	CCAS (EPA)
Organisation		
Un conseil d'administration	Il est composé : • de représentants de la collectivité ou de l'EPCI qui l'a créé et qui dispose de la majorité des sièges ; • de personnalités qualifiées désignées par la CAF, l'UDAF, les organismes de financement du logement social et d'organisation syndicales ; • d'un représentant des locataires ; • d'un représentant du CE de l'OPH.	Il est composé de 9 à 17 membres : • le président ; puis à part égale : • 4 à 8 membres du conseil municipal ; • 4 à 8 membres nommés par le maire dont au moins : – 1 représentant des associations œuvrant pour l'insertion et la lutte contre les exclusions, – 1 représentant de l'UDAF, – 1 représentant des associations de retraités et personnes âgées du département, – 1 représentant des associations de personnes handicapées du département.
	Ce conseil règle par ses délibérations les affaires qui concernent l'OPH ou le CCAS. Il adopte les documents budgétaires, crée ou supprime les emplois, décide de la gestion du patrimoine, autorise la passation des contrats...	
Un président	**Il est élu par le conseil d'administration** et parmi les membres représentant la collectivité tutélaire.	**Le maire de la commune** tutélaire est de droit le président du CCAS.
	Le président est l'organe exécutif. Il prépare, convoque et dirige les réunions du conseil d'administration. Il en exécute les délibérations, ordonne les recettes et les dépenses. Il peut recevoir des délégations du conseil (pour passer des marchés...). Il est le chef hiérarchique du personnel et peut être assisté d'un directeur.	

FICHE 4
Les élections

OBJECTIFS

Pour votre concours, vous devez être capable de :

- Définir les termes : scrutin uninominal, binominal ou de liste, majoritaire, proportionnel ou mixte.
- Définir les termes : suffrage, universel, direct ou indirect.
- Citer les différents scrutins permettant de mettre en place les différentes assemblées des collectivités.
- Être capable d'indiquer le type de suffrage par lequel est désigné chaque élu.
- Connaître les années des dernières et prochaines élections locales ou nationales.
- Connaître les règles élémentaires de la parité.
- Citer le nom des élections.
- Savoir qui élit les organes délibérants et exécutifs.
- Citer la durée des mandats de chacun.
- Identifier les conditions pour être électeur.

Définition

Une élection est la **désignation par un citoyen électeur de personne(s) destinée(s) à le représenter ou occuper une fonction en son nom** au sein d'instances de l'État ou de personnes publiques ou privées. L'électeur transfère à des représentants choisis à la majorité des suffrages, la légitimité requise pour exercer le pouvoir attribué.

Une élection suppose la présence d'un citoyen dans un système politique démocratique. Ainsi se met en œuvre la souveraineté du peuple.

Repères historiques

Loi de	Met en place
1789	Le suffrage censitaire : vote masculin, ne vote que celui qui paye l'impôt, le « cens ».
1848	Le suffrage universel masculin.
1944	Le suffrage universel masculin et féminin.
1945	Le premier exercice du droit de vote des femmes.
1974	Le droit de vote accordé aux jeunes dès 18 ans.
1977	Droit accordé aux ressortissants européens pour les élections européennes.
1998	Le droit de vote accordé aux ressortissants européens pour les élections locales.
2000	La parité, autant de candidat homme que femme.
2013	Le seuil du scrutin de liste abaissé aux communes de 1 000 habitants (au lieu de 3 500 hab.) et l'élection des conseillers communautaires lors des élections municipales. Élection binominale des conseils départementaux.
2019	La loi du 1er août modifie les modalités d'inscription sur les listes électorales et institue un repertoire électoral unique (REU) dont la gestion est confiée à l'INSEE.

La démocratie

Sa définition est inscrite dans la Constitution : « **Le pouvoir du peuple, par le peuple, et pour le peuple** », et constitue l'un des droits fondamentaux protégés, la liberté d'expression et d'opinion.

Démocratie directe	Démocratie représentative
Le peuple exerce directement sa souveraineté. Pas de représentants élus. Pour toute décision, il est demandé l'avis du peuple.	Le peuple exerce le pouvoir par l'intermédiaire de représentants qu'il a préalablement élus (président de la République, députés, conseillers...).

L'organisation des élections

Les 5 caractères du droit de vote en France

- Le droit de vote est **universel**, masculin et féminin.
- Le droit de vote est **égal**, chaque voix compte pour un point.
- Le droit de vote est **facultatif**, un droit citoyen de libre exercice.
- Le droit de vote est **secret**, d'où l'obligation d'utiliser l'isoloir.
- Le droit de vote est **personnel**, hors l'exception de la procuration.

Détermination de l'électorat

Conditions à remplir pour être électeur

- Être majeur (18 ans).
- Avoir la nationalité française, ou européenne pour les élections municipales et européennes.
- Jouir de ses droits civiques et politiques : droit de vote...
- Être inscrit sur les listes électorales : dans une seule commune, mais au choix là où la personne est inscrite sur un rôle d'imposition locale (lorsqu'elle est locataire ou propriétaire d'un bien).

Les conditions d'éligibilité

- Être électeur.
- Le casier judiciaire ne doit pas porter de mention de privation du droit de vote.
- Remplir des conditions d'âge minimum : 18 ans minimum sauf pour les sénateurs où l'âge minimum est de 24 ans.
- Avoir rempli ses obligations militaires.

Les inéligibilités

Elles empêchent d'être valablement élu : l'une des conditions ci-dessus non remplies ou encore un adulte placé sous tutelle, un agent salarié de la même commune…

Les incompatibilités

Elles n'empêchent pas l'élection mais obligent l'élu à choisir entre son mandat électif et une fonction incompatible avec ce mandat : préfet ou militaire et élu sur le même territoire, président du conseil départemental et membre de la Commission européenne… Il faut choisir l'un et démissionner de l'autre.

Les modes de suffrage

Suffrage universel direct	Suffrage universel indirect
Les citoyens élisent eux-mêmes leurs représentants : les conseillers municipaux, les députés, le président de la République…	Ce sont les représentants des citoyens qui élisent à leur tour des représentants : le maire, les sénateurs…

Les modes de scrutin

Type de scrutin	Remarques
Le **scrutin uninominal**. Un candidat pour un siège.	Le président de la République, le maire…
Depuis 2015, aux élections départementales il est **binominal**.	Deux candidats (un homme et une femme) pour 2 sièges sur 1 canton.
Le scrutin de **liste**.	Il y a autant de candidats sur la liste que de sièges à pourvoir.
Le scrutin **majoritaire**. Le candidat ou la liste qui a obtenu la majorité, c'est-à-dire la moitié + 1 voix, sera élu(e).	Uninominal majoritaire : le président de la République. Présentation de listes, mais comptage individuel majoritaire : élections municipales dans les communes de moins de 1 000 habitants.

Type de scrutin	Remarques
Le scrutin **proportionnel**. Uniquement pour les scrutins de liste. Les listes en présence obtiennent un nombre de sièges proportionnel au nombre de voix obtenues.	Élection des députés européens. Pas utilisé actuellement en France pour les élections des organes de l'État ou locaux.
Le scrutin **mixte**. Un mélange des deux scrutins précédents : • Une première partie des sièges est donnée à la liste qui a obtenu la majorité des voix. • L'autre partie des sièges est répartie proportionnellement entre toutes les listes (y compris la liste majoritaire qui vient d'obtenir ses premiers sièges).	Scrutin de liste, mixte dans les communes de plus de 1 000 habitants, au conseil régional et aux sénatoriales.

5 FICHE

Déconcentration/décentralisation

OBJECTIFS

Pour votre concours, vous devez être capable de :

- Définir les termes : décentralisation et déconcentration.
- Citer les représentants de l'État pour chaque territoire.
- Distinguer :
  - les fonctions électives ;
  - les fonctions de contrôle ;
  - les fonctions déconcentrées.
- Donner des exemples de services illustrant la déconcentration et la décentralisation.

La déconcentration

C'est une modalité qui consiste à accorder par **délégation** à des organes locaux de l'administration de l'État un pouvoir de décision limité. La décision locale est prise au nom de l'État.

Cela suppose :

- un État centralisé ;
- l'existence de circonscriptions administratives (découpage de territoires) ;
- l'existence d'un pouvoir hiérarchique, celui qui délègue garde la responsabilité de la chose déléguée ;
- des services administratifs de l'État installés sur les différents niveaux du découpage du territoire : ministères, services régionaux, départementaux ou locaux.

La décentralisation

C'est un **transfert** de pouvoirs, de compétences et de moyens.

Celui qui transfert perd toute responsabilité sur la chose transférée. Il n'est donc possible de transférer qu'à des personnes juridiquement distinctes de l'État.

Cela suppose :

- la création de personnes morales, de droit public, dotées de la personnalité juridique, les collectivités territoriales ;
- l'existence de territoires d'exercice du pouvoir de ces collectivités ;
- des compétences, missions de service public de l'État, transférées à ces personnes;
- l'existence de moyens pour mettre en œuvre ces missions d'intérêt général.

L'article 72 de la Constitution dispose la « libre administration des collectivités territoriales », ce qui signifie bien leur indépendance par rapport à l'État et leur liberté dans leurs choix.

Toutefois, cette autonomie de gestion n'exclut pas un souci de cohésion nationale, ni l'obligation de respect des lois.

Un contrôle, exercé par l'État, s'effectuera sur la légalité des décisions prisent par les collectivités dans le cadre de leur libre administration.

État

Repères historiques

Loi du 2 mars 1982, dite loi Defferre	**Acte I de la décentralisation** qui pose les grands principes : • Création des trois niveaux de collectivités territoriales. • Les régions deviennent des collectivités territoriales à part entière. • Le pouvoir exécutif du département et de la région est retiré des mains du préfet et transféré aux présidents des conseils départementaux et régionaux.
Décret du 10 mai 1982	Il définit les nouveaux pouvoirs du préfet, notamment celui de contrôler la légalité des actes pris par toutes les collectivités territoriales.

Lois des 7 janvier et 22 juillet 1983	Elles listent la répartition des transferts de compétences de l'État vers les trois niveaux de collectivités territoriales.
Lois du 26 janvier et 12 juillet 1984	Relatives au statut des fonctionnaires, elles créent le statut des fonctionnaires territoriaux.
Loi du 6 février 1992, dite loi Joxe	Relative à la coopération intercommunale, au référendum communal et au statut des élus.
Décret du 1er juillet 1992	**Chartre de la déconcentration** : si le mode d'action de droit commun de l'État est la déconcentration, il peut, par exception, agir à travers les collectivités décentralisées.
Loi du 12 juillet 1999, dite loi Chevènement	Renforcement et simplification de la coopération intercommunale.
Loi du 13 août 2004	**Acte II de la décentralisation** sur les libertés et responsabilités locales : nouveaux transferts de compétences de l'État vers les collectivités territoriales.
Loi du 16 décembre 2010	**Loi de réforme des collectivités territoriales :** • Incite à la réduction du millefeuille institutionnel français. • Ouvre de nouvelles possibilités de fusion de collectivités entre elles. • Propose une nouvelle forme d'intercommunalité : la métropole. • Création de la métropole de Nice au 1er janvier 2012.
Loi du 17 mai 2013	**1re partie de l'acte III de la décentralisation :** modification des scrutins locaux municipaux, communautaires et départementaux.
Loi du 27 janvier 2014	Loi dite de modernisation de l'action publique territoriale et d'affirmation des métropoles (loi MAPTAM). Mise en place de 11 métropoles (qui sont des EPCI sauf pour celle de Lyon qui est une collectivité territoriale) au 1er janvier 2012.
Loi du 16 janvier 2015	La France métropolitaine est passée à 13 régions le 1er janvier 2016.
Loi du 7 août 2015	Loi sur la Nouvelle organisation territoriale de la République (dite loi NOTRe). Elle vise à clarifier les compétences des différents échelons territoriaux et renforce les intercommunalités. La métropole du Grand Paris (EPCI) est confirmée au 1er janvier 2016.

ENTRAÎNEMENT

L'État, son organisation

QCM

1 Actuellement, nous sommes sous la...

- ❑ **a.** Première République
- ❑ **b.** Quatrième République
- ❑ **c.** Cinquième République
- ❑ **d.** République du président en place

2 La Constitution de la République actuelle a été adoptée en ...

- ❑ **a.** 1935
- ❑ **b.** 1945
- ❑ **c.** 1958
- ❑ **d.** 1968

3 Comment peut être révisée la Constitution française ?

- ❑ **a.** Par décret du président
- ❑ **b.** Par vote du Parlement réuni en congrès
- ❑ **c.** Par décision du gouvernement
- ❑ **d.** Par référendum national

4 Les lois sont votées par :

- ❑ **a.** L'Assemblée nationale seule
- ❑ **b.** Le Premier ministre
- ❑ **c.** Le président de la République
- ❑ **d.** Le Parlement

5 La commission mixte paritaire est :

- ❑ **a.** Une commission auprès de l'Assemblée nationale comprenant autant d'hommes que de femmes
- ❑ **b.** Une commission auprès du président de la République
- ❑ **c.** Une commission parlementaire comprenant des représentants des deux assemblées et proportionnellement aux couleurs politiques
- ❑ **d.** Une commission parlementaire comprenant autant d'hommes que de femmes et proportionnellement aux couleurs politiques

6 La commission mixte paritaire peut être mise en place par :

- ❑ **a.** Le gouvernement pour élaborer un texte commun acceptable ensuite par les deux assemblées
- ❑ **b.** Le président de la République pour s'assurer que le texte sera voté par autant d'hommes que de femmes.

❑ **c.** Le Parlement pour élaborer un texte commun acceptable ensuite par les deux assemblées

❑ **d.** Tout citoyen qui en fait la demande auprès de l'Assemblée nationale

7 Le représentant local de l'État est :

❑ **a.** Le ministre
❑ **b.** Le secrétaire d'État
❑ **c.** Le préfet
❑ **d.** Le maire

8 Le représentant local de l'État a pour mission :

❑ **a.** De mettre en place le plan ORSEC si nécessaire

❑ **b.** De faire remonter au gouvernement ce qui se passe sur son territoire local

❑ **c.** De représenter le maire lors de l'accueil d'un ministre étranger sur son territoire local

❑ **d.** De décider de l'attribution des allocations d'aides sociales

❑ **e.** D'assurer la sécurité des personnes et des biens sur le territoire départemental lorsque cela excède le territoire d'une seule commune

9 La répartition des pouvoirs en France est :

❑ **a.** Inscrite dans le Code civil
❑ **b.** Prévue par des lois organiques
❑ **c.** Inscrite dans la Constitution
❑ **d.** Fait l'objet de circulaires

10 La démocratie en France s'exerce par la séparation des trois pouvoirs :

❑ **a.** Le pouvoir législatif
❑ **b.** Le pouvoir réglementaire
❑ **c.** Le pouvoir exécutif
❑ **d.** Le pouvoir judiciable

11 Promulguer une loi veut dire :

❑ **a.** Acte par lequel il est constaté qu'une loi a été régulièrement présentée au Parlement pour y être discutée puis votée

❑ **b.** Acte par lequel il est constaté qu'une loi a été régulièrement adoptée par le Parlement et la rend applicable

❑ **c.** Acte par lequel il est confié à la commission mixte paritaire un texte de loi en vue de son adoption

12 Pour être exécutoire une loi doit être :

❑ **a.** Promulguée par le Parlement

❑ **b.** Promulguée par le président de la République

- ❑ **c.** Promulguée par le ministre
- ❑ **d.** Promulguée par le Conseil constitutionnel

13 Est (sont) personne(s) morale(s) de droit public :

- ❑ **a.** Le maire
- ❑ **b.** La commune
- ❑ **c.** Le département
- ❑ **d.** Le juge aux affaires familiales

14 « La France est une République indivisible, laïque, démocratique et sociale (...). Son organisation est décentralisée. » Ces phrases sont tirées :

- ❑ **a.** Du Code général des collectivités territoriales
- ❑ **b.** De la loi du 2 mars 1982
- ❑ **c.** De la loi du 7 janvier 1983
- ❑ **d.** De la Constitution de 1958

15 La France métropolitaine compte :

- ❑ **a.** 95 départements
- ❑ **b.** 13 régions
- ❑ **c.** 26 000 communes

16 Le président de la République est élu :

- ❑ **a.** Au scrutin majoritaire à un tour
- ❑ **b.** Au scrutin majoritaire à deux tours
- ❑ **c.**. Au scrutin mixte à deux tours

17 Pour être candidat et valablement élu à l'élection présidentielle, il faut avoir au minimum :

❑ **a.** 18 ans ❑ **b.** 21 ans ❑ **c.** 23 ans ❑ **d.** 26 ans

18 Les premières élections présidentielles au suffrage universel en France eurent lieu en :

❑ **a.** 1958 ❑ **b.** 1960 ❑ **c.** 1965 ❑ **d.** 1971

État

ENTRAÎNEMENT

Vrai-Faux

19 Le Parlement peut voter une motion de censure, ce qui oblige le président de la République à démissionner. ❑ **Vrai** ❑ **Faux**

20 Le président de la République a le pouvoir de dissoudre l'Assemblée nationale. ❑ **Vrai** ❑ **Faux**

21 Le gouvernement propose au Parlement des propositions de loi. ❑ **Vrai** ❑ **Faux**

22 Les députés peuvent élaborer des propositions de loi qui seront votées par le Parlement. ❑ **Vrai** ❑ **Faux**

23 Un ministre peut décider et voter une loi. ❑ **Vrai** ❑ **Faux**

24 Une loi peut être validée par le Conseil constitutionnel avant d'être promulguée. ❑ **Vrai** ❑ **Faux**

25 La commission mixte paritaire comprend autant d'hommes que de femmes. ❑ **Vrai** ❑ **Faux**

26 Promulguer ou voter une loi, c'est la même chose. ❑ **Vrai** ❑ **Faux**

27 Une fois que la commission mixte paritaire a voté un projet de loi, il peut être immédiatement appliqué par le gouvernement. ❑ **Vrai** ❑ **Faux**

28 Le chef du gouvernement n'est pas le président de la République. ❑ **Vrai** ❑ **Faux**

29 Le Premier ministre est responsable de la sécurité intérieure du territoire. ❑ **Vrai** ❑ **Faux**

30 Le président de la République est élu au suffrage universel et au scrutin mixte. ❑ **Vrai** ❑ **Faux**

31 Les ministres sont des fonctionnaires soumis aux règles de la fonction publique. ❑ **Vrai** ❑ **Faux**

32 On dit que le Parlement se réunit en Congrès lorsque l'Assemblée nationale et le Sénat se réunissent pour voter un texte. ❑ **Vrai** ❑ **Faux**

33 Le fait qu'un projet de loi passe de l'Assemblée nationale au Sénat et vice versa s'appelle la navette parlementaire. ❑ **Vrai** ❑ **Faux**

CORRIGÉS

L'État, son organisation

QCM

1. **Réponse c.** La Ve République.
2. **Réponse c.** Le 4 octobre 1958.
3. **Réponses b et d.** Deux possibilités : soit par le biais d'un référendum, c'est ainsi le choix de la majorité des Français, soit par un vote du Parlement. Dans ce cas, l'Assemblée et le Sénat se réunissent en congrès à Versailles.
4. **Réponse d.** Le Parlement. Pour être validée (c'est-à-dire promulguée par le président de la République), le texte doit être voté dans les mêmes termes par les deux chambres, l'Assemblée nationale et le Sénat.
5. **Réponse c.** Elle permet de regrouper, proportionnellement aux couleurs politiques des deux assemblées, des députés et des sénateurs dans le but de travailler ensemble à l'élaboration d'un texte qui puisse ensuite être proposé aux votes dans chacune des assemblées. En effet, si la navette parlementaire ne permet pas d'élaborer un texte commun qui recueille la majorité dans chaque assemblée, le travail au sein de cette commission qui regroupe des membres de ces deux assemblées peut permettre de trouver un texte de consensus.
6. **Réponses a et c.** Depuis la dernière réforme constitutionnelle de 2008, le Parlement peut aussi réunir une CMP pour étudier les « propositions de lois », c'est-à-dire les textes émanant du Parlement contrairement aux « projets de loi » qui émanent du gouvernement.
7. **Réponse c.** Le préfet est le représentant local de l'État sur le département de même que le préfet de région est le représentant de l'État sur le territoire d'une région. Ceci est valable uniquement pour les services déconcentrés de l'État qui n'auraient pas leur propre hiérarchie comme l'éducation nationale, l'armée ou la justice, par exemple.
8. **Réponses a, b et e.**
9. **Réponse c.** C'est dans la Constitution que sont inscrits les différents pouvoirs de notre démocratie, qui les exerce et quelles sont les relations entre eux.

10. Réponses a et c. Ce sont les pouvoirs : législatif (celui qui fait la loi), exécutif (celui qui l'applique), et judiciaire (celui qui la fait respecter).

11. Réponse b. Pour être mises en application, il est nécessaire de s'assurer que les lois ont été votées conformément aux règles en vigueur sur notre territoire.

12. Réponse b. C'est le président de la République qui promulgue les lois. Il les rend ainsi applicables. À partir du moment où un décret de promulgation a eu lieu, le texte est intégré dans l'ordonnancement juridique, et entre en vigueur. La Constitution prévoit que « le président de la République promulgue les lois dans les quinze jours qui suivent la transmission au gouvernement de la loi définitivement adoptée » par le Parlement.

13. Réponses b et c. Contrairement à la personne physique, une personne morale est un groupement de personnes comme une association ou une entreprise. Une personne morale de droit public est un groupement de personnes obéissant aux règles du domaine public comme l'État, une collectivité territoriale ou un établissement public.

14. Réponse d. Article 1er de la Constitution.

15. Réponse b. Il y a 96 départements (la Corse 2A et 2B) et 36 568 communes en France métropolitaine (source INSEE en 2012). Il y a 13 régions à partir du 1er janvier 2016 (contre 22 avant).

16. Réponse b. Pour être élu dès le premier tour, il faut obtenir la majorité absolue (50 % des suffrages exprimés plus une voix). Si aucun candidat n'y parvient, un second tour de scrutin a lieu auquel ne peuvent se présenter que les deux candidats ayant réalisé les deux meilleurs scores au premier tour. Au second tour, la majorité relative suffit : le candidat qui a obtenu le plus grand nombre de suffrages l'emporte.

17. Réponse a. La majorité pénale suffit.

18. Réponse c. Les 5 et 19 décembre 1965. Auparavant, le président de la République était élu au suffrage universel indirect par un collège électoral comprenant environ 80 000 grands électeurs (parlementaires, conseillers généraux et élus municipaux). À la fin de la guerre d'Algérie en 1962, le général De Gaulle a souhaité consacrer la prépondérance présidentielle en faisant élire le président de la République au suffrage universel direct. Pour cela, la Constitution a été révisée à la suite du référendum organisé le 28 octobre 1962.

Vrai-Faux

19. Faux. Seule l'Assemblée nationale peut voter une motion de censure pour renverser le gouvernement qui, dans ce cas, doit déposer sa démission sur le bureau du président de la République.

20. Vrai. C'est un pouvoir constitutionnel qui lui est propre.

21. Faux. Le gouvernement envoie des projets de loi. Les propositions de loi émanent du Parlement qui les discute et les vote.

22. Vrai.

23. Faux. Jamais, un ministre n'a qu'un pouvoir réglementaire, il ne peut que prendre des arrêtés, ou des circulaires qui sont l'équivalent de notes de service à l'échelle d'un ministère. Le ministre a travaillé en amont à la rédaction du projet de loi conformément aux orientations politiques du gouvernement en place, mais ce texte devra partir au Parlement pour débats et votes. Les ministres peuvent aussi assister aux débats sur les bancs du gouvernement dans les chambres, pour répondre aux questions des députés ou des sénateurs, questions soulevées lors de leurs débats. En fin de compte le texte final sera celui débattu, modifié et voté par les deux chambres.

24. Vrai.

25. Faux. La parité ne se fait pas sur le sexe mais sur les deux chambres : sept sénateurs et sept députés.

26. Faux. Le Parlement vote la loi, le président de la République la promulgue, c'est-à-dire qu'il reconnaît qu'elle a été régulièrement adoptée par le Parlement et la rend ainsi applicable.

27. Faux. Le projet de loi doit à nouveau passer devant les deux assemblées.

28. Vrai, c'est le Premier ministre.

29. Vrai.

30. Faux. Il est bien élu au suffrage universel, mais au scrutin majoritaire.

31. Faux. Les ministres sont nommés pour une mission et perçoivent une indemnité.

32. Vrai. Ils se réunissent à Versailles.

33. Vrai.

ENTRAÎNEMENT

Les actes administratifs et leur hiérarchie

QCM

1 Un acte administratif c'est :
- ❑ **a.** Une décision prise par une autorité publique
- ❑ **b.** Un acte juridique
- ❑ **c.** Un acte judiciaire
- ❑ **d.** Un acte qui engage celui qui le prend mais pas la population

2 La portée d'un acte administratif :
- ❑ **a.** S'impose comme prérogative de puissance publique
- ❑ **b.** Permet unilatéralement à la personne publique de prendre des décisions unilatérales
- ❑ **c.** Permet unilatéralement à la personne publique de prendre des décisions contractuelles

3 Les actes unilatéraux peuvent être :
- ❑ **a.** Des décrets
- ❑ **b.** Des arrêtés municipaux
- ❑ **c.** Des délibérations du conseil départemental
- ❑ **d.** Le code de la route

4 Parmi les actes unilatéraux on distingue :
- ❑ **a.** Les actes réglementaires concernant une situation générale
- ❑ **b.** Les actes réglementaires ayant une portée individuelle
- ❑ **c.** Les actes non-réglementaires ayant une portée collective
- ❑ **d.** Les actes non-réglementaires ayant une portée individuelle

5 Un contrat administratif peut être :
- ❑ **a.** Un contrat conclu entre l'État et la commune
- ❑ **b.** Un contrat conclu entre une personne publique, la commune, et une personne privée, l'agent recruté

- ❑ **c.** Un contrat signé entre le conseil du département et l'entreprise d'élagage des avenues du département
- ❑ **d.** Un contrat conclu entre deux personnes privées, l'agent et un établissement d'assurance pour son logement

6 Quand on parle de la hiérarchie des normes, on comprend par « norme » :

- ❑ **a.** Une règle morale
- ❑ **b.** Une règle du « vivre ensemble » comme une loi
- ❑ **c.** Une obligation technique comme les normes ISO ou Afnor

7 Dans l'ordre hiérarchique :

- ❑ **a.** La loi est supérieure à un décret
- ❑ **b.** La Constitution est la norme supérieure ultime
- ❑ **c.** Un arrêté peut être conforme à la Constitution mais pas nécessairement à une loi
- ❑ **d.** Un traité européen est supérieur à la Constitution française
- ❑ **e.** L'arrêté du maire doit être conforme et à la Constitution, et aux différentes lois existantes dans le domaine visé par l'arrêté

8 Pour être exécutoire :

- ❑ **a.** Un acte administratif doit être publié
- ❑ **b.** Un arrêté individuel doit être publié et notifié à l'intéressé
- ❑ **c.** Un acte administratif doit être publié et transmis en préfecture pour que le préfet puisse en assurer le contrôle sur la légalité
- ❑ **d.** Dès publication et transmission en préfecture un acte est immédiatement exécutoire
- ❑ **e.** Dès publication et transmission en préfecture il faut attendre deux mois que le préfet donne son aval pour exécuter l'acte

9 Pour être exécutoire, une délibération du conseil municipal :

- ❑ **a.** Doit être publiée ou affichée ou notifiée aux intéressés
- ❑ **b.** Doit être publiée au Journal officiel
- ❑ **c.** Doit être transmise au représentant de l'État

10 La hiérarchie des normes juridiques, par ordre décroissant, est la suivante :

- ❑ **a.** Arrêté, décret, constitution, loi
- ❑ **b.** Décret, arrêté, loi, constitution
- ❑ **c.** Constitution, loi, arrêté, décret

- ❑ **d.** Loi, constitution, décret, arrêté
- ❑ **e.** Constitution, loi, décret, arrêté

11 Cocher la ou les affirmation(s) fausse(s) :

- ❑ **a.** Les arrêtés du maire doivent respecter la constitution qui doit respecter les lois
- ❑ **b.** La loi doit respecter les arrêtés du maire qui doivent respecter la constitution
- ❑ **c.** Les arrêtés du maire doivent respecter les décrets qui doivent respecter les lois
- ❑ **d.** La constitution doit respecter les arrêtés du maire qui doivent respecter les lois

12 Cocher la ou les affirmation(s) exacte(s) :

- ❑ **a.** Pour vous nommer adjoint administratif territorial, le maire prend une délibération individuelle
- ❑ **b.** Pour interdire le stationnement devant la maison de quartier en travaux, le maire prend un arrêté
- ❑ **c.** Pour rendre une voie à sens unique, le maire prend un rapport de police
- ❑ **d.** Pour créer un emploi d'adjoint administratif territorial, le conseil municipal adopte une délibération

13 Le pouvoir réglementaire :

- ❑ **a.** C'est la capacité pour une collectivité territoriale de prendre des arrêtés ou des délibérations dans tous les domaines de ses compétences
- ❑ **b.** C'est une capacité, sans limite, de prendre des arrêtés ou des délibérations
- ❑ **c.** Une collectivité commune peut prendre un décret pour régler les affaires de la commune
- ❑ **d.** Le pouvoir réglementaire d'une collectivité est soumis à l'approbation préalable de l'État.

Vrai-Faux

14 Un acte administratif est un acte juridique. ❑ Vrai ❑ Faux

15 Un contrat est un accord passé entre plusieurs parties publiques. ❑ Vrai ❑ Faux

16 Les actes unilatéraux réglementaires ont une portée générale. ❑ Vrai ❑ Faux

17 Les actes unilatéraux réglementaires ont une portée individuelle. ❑ Vrai ❑ Faux

18 Une loi est un acte réglementaire. ❑ Vrai ❑ Faux

19 L'intérêt général doit servir de fondement à un acte administratif. ❑ Vrai ❑ Faux

20 Il existe deux grandes familles d'actes, les actes unilatéraux et les actes bilatéraux. ❑ Vrai ❑ Faux

21 Les actes unilatéraux non-réglementaires peuvent concerner une liste d'individus. ❑ Vrai ❑ Faux

22 Un acte unilatéral est un acte qui n'est pris que par un parti de droite ou de gauche. ❑ Vrai ❑ Faux

23 Un contrat passé entre une personne publique et une personne privée est un contrat de droit privé. ❑ Vrai ❑ Faux

24 L'acte par lequel une collectivité délègue une mission de service public à une personne privée est un acte unilatéral. ❑ Vrai ❑ Faux

25 La France n'est pas obligée d'appliquer les traités européens sur son territoire. ❑ Vrai ❑ Faux

26 Un arrêté municipal ne doit pas contenir d'élément contraire à la Déclaration des droits de l'homme et du citoyen. ❑ Vrai ❑ Faux

27 Dans une commune, le maire peut décider d'appliquer ou non une loi. ❑ Vrai ❑ Faux

28 Les procédures de marché public doivent appliquer les normes européennes. ❑ Vrai ❑ Faux

État

ENTRAÎNEMENT

29 Les circulaires et les notes de services ne sont pas des normes. ❑ Vrai ❑ Faux

30 La directrice de la crèche peut prendre un décret pour recruter une auxiliaire de puériculture. ❑ Vrai ❑ Faux

31 Les lois doivent être conformes aux arrêtés du maire. ❑ Vrai ❑ Faux

32 La délibération d'un conseil municipal peut être contraire à un décret, mais pas à une loi. ❑ Vrai ❑ Faux

33 La constitution est le texte qui définit et organise les pouvoirs. ❑ Vrai ❑ Faux

34 Un préfet ne peut prendre un arrêté sans en référer au maire de la commune. ❑ Vrai ❑ Faux

35 Les délibérations des conseils peuvent être communiquées aux habitants. ❑ Vrai ❑ Faux

36 Une délibération est une décision adoptée par l'organe délibérant d'une collectivité territoriale. ❑ Vrai ❑ Faux

37 Une délibération est une décision devant être soumise à l'avis de l'organe délibérant. ❑ Vrai ❑ Faux

38 Le maire peut prendre un arrêté pour réglementer le stationnement des véhicules. ❑ Vrai ❑ Faux

39 Les discours du maire doivent faire l'objet du contrôle de légalité. ❑ Vrai ❑ Faux

40 La constitution n'a pas à être conforme aux lois. ❑ Vrai ❑ Faux

CORRIGÉS

Les actes administratifs et leur hiérarchie

QCM

1. **Réponses a et b.** L'acte administratif engage non seulement la personne publique qui l'a pris, mais aussi l'usager ou, de façon plus générale, la population qui est tenue de le mettre en application. Exemple : un arrêté du maire interdisant le stationnement.

2. **Réponses a et b.** Un acte administratif s'impose à la population de façon unilatérale. Un acte contractuel suppose l'adhésion des deux membres signataires de l'acte.

3. **Réponses a, b, c et d.** À chaque fois, c'est un acte pris par une personne publique représentée par un exécutif (un maire par exemple) ou par une assemblée délibérante (le conseil municipal)

4. **Réponses a, c et d.** Les actes unilatéraux réglementaires sont des actes à portée générale : décrets, arrêtés, documents budgétaires... Ils seront publiés pour être portés à la connaissance de tous. Les actes unilatéraux non-réglementaires ont soit une portée individuelle (arrêté de nomination) soit une portée collective (liste d'aptitude après concours). Ils seront notifiés aux intéressés.

5. **Réponses a, b et c.** Ce peut être un contrat-plan entre l'État et une collectivité territoriale. Un contrat signé entre une personne publique, la commune, et une personne privée, un agent qui sera recruté par un arrêté en contrat à durée déterminée, indéterminée ou comme apprenti, par exemple. Mais ce peut aussi être le contrat que passera la collectivité avec une entreprise privée suite à un marché public.

6. **Réponse b.** Il s'agit de règles de droit qui vont s'imposer à la population. Ces règles sont prises par différentes personnes publiques. Une hiérarchie existe entre elles. Ce qui signifie qu'une norme prise par une personne publique (un arrêté d'un maire) doit être conforme à toutes les autres normes précédentes qui lui sont supérieures. L'arrêté doit être conforme aux décrets et aux lois qui lui sont supérieurs et bien sûr à la Constitution.

7. Réponses a, d et e.

8. Réponses c et d. La publication pour être porté à la connaissance de la population ne concerne que les actes à portée collective. Ne sont donc pas concernés les actes individuels qui ne seront notifiés qu'aux intéressés.

9. Réponses a et c. Ces deux conditions sont cumulatives. La délibération doit être portée à la connaissance de la population ou de l'intéressé et transmise au préfet pour qu'il puisse exercer son contrôle sur la légalité de cet acte.

10. Réponse e.

11. Réponses a, b et d. Attention question inverse, il fallait bien cocher les réponses fausses ! Revoir l'ordre hiérarchique des normes, par ordre décroissant : traités européens, constitution, lois, décrets, arrêtés.

12. Réponses b et d. L'exécutif prend des arrêtés, l'assemblée délibérante prend des délibérations.

13. Réponse a.

Vrai-faux

14. Vrai.

15. Faux. Il peut être passé aussi bien entre deux personnes publiques qu'entre une personne publique et une personne privée.

16. Vrai.

17. Faux. Ce sont les actes non réglementaires.

18. Faux. Les lois sont faites par le Parlement, elles sont l'émanation du pouvoir législatif.

19. Vrai.

20. Faux. Les actes unilatéraux ou les contrats.

21. Vrai. Ce sont des actes soit individuels soit une liste nominative.

22. Faux. C'est un acte qui n'émane que de la puissance publique et s'impose aussi bien à elle-même qu'aux citoyens.

23. Faux. Tout dépend de l'objet du contrat. Le législateur est précis sur ce point.

24. Faux. Puisqu'il engage l'assentiment de deux personnes morales, ce ne peut être qu'un contrat qui va lier ces deux personnes dans l'accomplissement d'une mission de service public.

25. Faux.

26. Vrai. La Déclaration des droits de l'homme et du citoyen est un élément de la Constitution française.

27. Faux.

28. Vrai.

29. Vrai. Elles expliquent comment mettre en œuvre une loi ou un décret.

30. Faux. Celui qui recrute n'est que l'exécutif d'une collectivité ou d'un établissement public et non un chef de service, même s'il participe au choix du candidat. L'arrêté de recrutement est signé de l'exécutif.

31. Faux. C'est l'inverse.

32. Faux.

33. Vrai. C'est le texte de référence.

34. Faux.

35. Vrai. Elles sont obligatoirement publiées pour être ainsi portées à la connaissance des habitants, sauf si elles ne concernent qu'un individu, dans ce cas elles seront notifiées à cette personne.

36. Vrai. C'est le reflet du choix fait par la majorité des membres du conseil.

37. Faux. La délibération émane de l'organe délibérant. En revanche, elle sera soumise au contrôle de légalité exécuté par le préfet, au nom de l'État.

38. Vrai. L'organe délibérant prend des délibérations, le maire prend des arrêtés.

39. Faux. Un discours n'est pas un acte réglementaire.

40. Faux. Ce sont les lois qui doivent être conformes à la Constitution.

ENTRAÎNEMENT

Service public – Établissement public

QCM

1 Cochez les affirmations exactes :

- ❑ **a.** Service public ou fonction publique, c'est la même chose
- ❑ **b.** Service public ou établissement public, c'est la même chose
- ❑ **c.** Un service public est une activité qui répond à un besoin d'intérêt général
- ❑ **d.** Un service public peut répondre à un besoin d'intérêt particulier
- ❑ **e.** Le service public est créé pour résorber le chômage
- ❑ **f.** Un service public c'est aussi une structure qui prendra en charge une activité d'intérêt général

2 La continuité du service public :

- ❑ **a.** Impose un fonctionnement régulier des services
- ❑ **b.** Rend illégale la fermeture des services le dimanche
- ❑ **c.** Est la cause de l'interdiction faite aux fonctionnaires territoriaux de se mettre en grève
- ❑ **d.** Est un des grands principes du service public

3 Dans la gestion des services publics, le principe d'égalité :

- ❑ **a.** Impose la gratuité de services
- ❑ **b.** Interdit toute discrimination entre les usagers
- ❑ **c.** N'interdit pas l'établissement de tarifs en fonction des revenus
- ❑ **d.** Est un des principes dont le juge administratif peut sanctionner la violation

4 Le centre communal d'action sociale (CCAS) est :

- ❑ **a.** Un des services administratifs de la mairie, de même nature que, par exemple, le service de l'état civil
- ❑ **b.** Une collectivité territoriale
- ❑ **c.** Un établissement public local
- ❑ **d.** Un établissement public industriel et commercial
- ❑ **e** Géré par un conseil d'administration présidé par le maire

5 L… …stion du service public sont :

- ❑ …
- ❑ …
- ❑ …
- ❑ …
- ❑ **e.** La gratuité
- ❑ **f.** La continuité
- ❑ **g.** La liberté

6 L'e… …e service public » désigne :

- ❑ … …ivité territoriale délègue à une personne … la gestion d'un service public
- ❑ **b.** La délégation de fonctionnaires chargés de promouvoir le service public dans une collectivité territoriale
- ❑ **c.** Le fait que le maire délègue des pouvoirs à des adjoints
- ❑ **d.** Le fait qu'une collectivité territoriale délègue à une autre personne publique la gestion d'un service public

7 La caisse des écoles est :

- ❑ **a.** Une annexe de la mairie
- ❑ **b.** Une personne morale de droit privé
- ❑ **c.** Un établissement public
- ❑ **d.** Présidée par le maire
- ❑ **e** Une personne morale de droit public

8 L'encadrement des enfants dans un accueil de loisirs :

- ❑ **a.** Peut faire l'objet d'une délégation de service public
- ❑ **b.** Peut-être délégué à une association
- ❑ **c.** Doit obligatoirement être assuré par des agents publics

9 Le centre communal d'action sociale :

- ❑ **a.** Est géré par un conseil d'administration
- ❑ **b.** Agit sous le contrôle du département
- ❑ **c.** Est géré par le conseil municipal
- ❑ **d.** A un budget propre

10 Le service public géré en régie est :

- ❑ **a.** Géré par une personne publique sous le contrôle de la collectivité qui lui en délègue la gestion
- ❑ **b.** Géré par une personne privée sous le contrôle de la collectivité qui lui en délègue la gestion
- ❑ **c.** Géré directement par la collectivité avec ses moyens propres

État

❑ **d.** Assuré directement par le maire dans le cadre de ses pouvoirs de police

11 La commune réalise actuellement des travaux en régie dans un centre de loisirs. Cela signifie :

❑ **a.** Que les travaux sont supervisés par un surveillant de travaux

❑ **b.** Que les travaux sont réalisés directement par la commune, avec ses moyens propres en matériel et en personnel

❑ **c.** Que les travaux prioritaires sont mis en œuvre avant tous les autres

❑ **d.** Que les travaux sont réalisés pour le compte de la commune par une entreprise avec laquelle elle a passé contrat

12 Les éléments qui permettent de qualifier un SPIC sont :

❑ **a.** Soumission au droit privé, rattachement à une personne publique, mode de gestion privé

❑ **b.** Activité d'intérêt général, mode de gestion publique, financement par l'État

❑ **c.** Soumission au droit public, activité de vente, financement par des contributions fiscales

❑ **d.** Activité similaire à une entreprise privée, financement par des recettes et redevances, mode de gestion privée

13 Les éléments qu'une activité doit réunir pour être qualifiée de service public sont :

❑ **a.** Intérêt général, gestion directe par une personne publique, obligation d'adhésion

❑ **b.** Intérêt individuel, gestion directe par une personne publique, prérogatives de puissance pu-blique

❑ **c.** Intérêt général, rattachement à une personne publique, prérogatives de puissance publique

❑ **d.** Gratuité, intérêt général, financement par des contributions

14 À qui peut être délégué un service public ?

❑ **a.** Un EPCI

❑ **b.** Des bénévoles

❑ **c.** Une entreprise privée

❑ **d.** Des citoyens

15 Quel(s) service(s) public(s) ne peu(ven)t pas être délégué(s) ?

❑ **a.** La restauration scolaire et celle du personnel municipal

❑ **b.** L'organisation des élections

❑ **c.** L'état civil
❑ **d.** Le ramassage des ordures ménagères
❑ **e.** L'entretien des routes

Vrai-Faux

16 Les principes du service public sont : égalité, continuité et gratuité. ❑ Vrai ❑ Faux

17 L'intérêt particulier prime sur l'intérêt général. ❑ Vrai ❑ Faux

18 Créer un service public va faire augmenter les impôts. ❑ Vrai ❑ Faux

19 On créé un service public pour répondre à un besoin de la population. ❑ Vrai ❑ Faux

20 Un établissement public est une personne morale de droit privé. ❑ Vrai ❑ Faux

21 Un établissement public a une compétence générale comme les collectivités territoriales. ❑ Vrai ❑ Faux

22 Une commune ne peut pas créer un service à la population s'il n'y a pas carence de l'initiative privée. ❑ Vrai ❑ Faux

23 Un établissement public administratif peut faire des bénéfices. ❑ Vrai ❑ Faux

24 EPIC veut dire « établissement public intercommunal ». ❑ Vrai ❑ Faux

25 Les établissements publics ne sont pas soumis au contrôle sur la légalité. ❑ Vrai ❑ Faux

26 La région est un établissement public. ❑ Vrai ❑ Faux

27 Une personne de droit privé peut prendre en charge une mission de service public. ❑ Vrai ❑ Faux

28 La délégation de service public désigne le fait qu'une collectivité territoriale délègue à une autre personne morale la gestion d'une mission de service public. ❑ Vrai ❑ Faux

29 La délégation de service public c'est lorsque le maire délègue des pouvoirs à ses adjoints. ❑ Vrai ❑ Faux

30 La création d'un service public est décidée par l'organe délibérant. ❑ Vrai ❑ Faux

31 Un établissement public est une personne morale,

dotée de la personnalité juridique, à qui est confiée une mission de service public. ❑ **Vrai** ❑ **Faux**

32 Un établissement public communal est un service de la mairie. ❑ **Vrai** ❑ **Faux**

33 Le CCAS est un service de la mairie comme l'état civil. ❑ **Vrai** ❑ **Faux**

34 Le maire est, de droit, le président du conseil d'administration du CCAS. ❑ **Vrai** ❑ **Faux**

35 Il y a deux familles d'établissements publics, les EPA et les EPIC. ❑ **Vrai** ❑ **Faux**

36 Le maire peut supprimer un service public facultatif. ❑ **Vrai** ❑ **Faux**

37 La personne publique ne peut contrôler la gestion d'un service public assuré par une personne privée. ❑ **Vrai** ❑ **Faux**

CORRIGÉS

Service public – Établissement public

QCM

1. **Réponses c et f.** Une définition en deux points : un service est une activité (moyen de garde d'enfant, production d'énergie, aide à la population démunie, soin...) qui répond à un besoin d'intérêt général. Cette activité a besoin d'être prise en charge par quelqu'un, ce sera donc aussi la structure qui mettra en œuvre l'activité d'intérêt général. Cette structure peut être l'État, une collectivité territoriale ou un établissement public (la commune avec sa crèche, la SNCF, une centrale de production d'électricité...). La fonction publique c'est l'ensemble des fonctionnaires. L'établissement public est une personne morale de droit public, doté de la personnalité juridique, il peut prendre en charge l'activité d'intérêt général. Enfin, l'intérêt général prime sur l'intérêt particulier.

2. **Réponses a et d.** Mais le fonctionnement régulier du service public ne veut pas dire une ouverture obligatoire 24 heures/24 et 7 jours sur 7. Certains services à la population peuvent l'exiger (les hôpitaux, les foyers de l'enfance...). D'autres peuvent le nécessiter mais avec un système d'astreinte (l'assainissement, la prévention...) ou bien, une présence réduite sur les lieux du travail la nuit par exemple (EDF, GDF...). Enfin pour d'autres services leur ouverture aux usagers à certaines heures dans la semaine est suffisante (services administratifs...).

3. **Réponses b, c et d.** La gratuité n'est pas un principe du service public !

4. **Réponses c et e.**

5. **Réponses a, d, f.** L'équité n'est pas un principe supplémentaire, mais simplement une façon d'appliquer l'égalité. L'équité c'est l'égalité appliquée à un domaine comme celui des revenus : tout le monde paie 1 % de ses revenus, par exemple.

6. **Réponses a, d.** La délégation peut s'effectuer vers une autre personne publique ou vers une personne privée.

7. **Réponses c, d et e.**

8. **Réponses a et b.**

9. Réponses a et d. Le CCAS est un établissement public, donc une personne morale de droit public, indépendant de la commune, géré par un conseil d'administration et avec un budget propre.

10. Réponse c. En régie, le service public est assuré directement par la collectivité, avec sa propre personne et sur son propre budget.

11. Réponse b.

12. Réponse d. Le SPIC est un service public industriel et commercial.

13. Réponse c.

14. Réponses a et c.

15. Réponses b et c.

Vrai-faux

16. Faux. Égalité, continuité et adaptation (ou mutabilité). Si certains services sont effectivement gratuits, beaucoup de services publics sont payants : les transports, l'eau, l'électricité, la crèche...

17. Faux. C'est l'inverse. Si cela avait été le cas, aucune route ou TGV, par exemples, n'aurait jamais pu être construit !

18. Vrai. Puisque le coût de fonctionnement revient en totalité ou en partie (dans le cas de contribution de l'usager) aux contribuables locaux ou nationaux. La mise en place d'un service public répond à l'exigence de solidarité nationale. Tout le monde paye une petite cote part pour permettre à ceux qui en ont besoin quotidiennement (les routes, l'électricité...) ou à un moment de leur vie (la crèche, l'école, le RSA) de bénéficier d'une activité de service public.

19. Vrai. La mise en place d'un service public doit obligatoirement répondre à un besoin d'intérêt général, qu'il soit national (l'éducation, la santé...) ou local (la crèche municipale, l'entretien des routes départementales...).

20. Faux. Une personne morale publique obéit aux règles du droit public.

21. Faux. Ne sont attribuées à un établissement public que des compétences spécifiques. Ils ne sont créés que dans le but de prendre en charge tels ou tels services publics bien précis et rien d'autres.

22. Vrai. Les deux conditions pour mettre en place un service public sont l'intérêt général et la carence de l'initiative privée. On n'utilisera l'argent du contribuable que si l'activité répond bien à un besoin d'intérêt général et que rien n'est proposé dans le domaine privé. Si 3 familles demandent la mise en place d'une crèche collective, ce n'est pas un besoin d'intérêt général sur la commune. Si 150 familles font la même demande, ce peut être considéré comme un besoin d'intérêt général, mais encore faut-il qu'il y ait carence de l'initiative privée. Si, après enquête sur le territoire, il s'avère qu'il y a 170 places vacantes chez des assistantes maternelles agréées ou dans des structures privées, il n'y a donc pas carence de l'initiative privée.

23. **Faux.** Le prix maximum qui peut être demandé à un usager ne peut jamais aller au-delà du coût réel. Mais dans l'immense majorité des cas, l'usager ne paye qu'une infime partie du coût réel qui, lui, repose sur les épaules du contribuable local. La gestion d'un service public obéit à un principe de solidarité.

24. **Faux.** EPIC signifie, établissement public industriel et commercial. L'établissement public de coopération intercommunal est un EPCI.

25. **Faux.** Toutes les structures publiques locales, quelle qu'elles soient, y sont soumises.

26. **Faux.** C'est devenu une collectivité territoriale avec la loi de décentralisation du 2 mars 1982.

27. **Vrai.** Exemple : la commune peut passer un contrat avec une entreprise privée d'élagage pour élaguer les arbres des avenues communales. Dans son travail l'entreprise privée exécutera une mission de service public.

28. **Vrai.**

29. **Faux.**

30. **Vrai.** Puisqu'il y aura forcément des conséquences budgétaires.

31. **Vrai.**

32. **Faux.** Puisqu'un établissement public est une personne morale dotée de la personnalité juridique, il est donc indépendant de la commune. L'établissement public a son propre conseil d'administration et son propre budget, organise ses propres services et a son propre personnel.

33. **Faux.** C'est un établissement public, donc une personne morale indépendante de la commune, même s'il est parfois logé dans les mêmes locaux.

34. **Vrai.** Mais avec une autre « casquette ».

35. **Vrai.** Les Établissements publics administratifs et les établissements publics industriels et commerciaux. Les EPIC ont souvent une part de leur budget plus ou moins importante qui provient de personnes privées.

36. **Vrai.**

37. **Faux.**

ENTRAÎNEMENT

Les élections

QCM

1 Quelles sont les affirmations exactes :

- ❑ **a.** Au suffrage universel direct, le citoyen élit lui-même son représentant
- ❑ **b.** Au suffrage universel indirect, le citoyen élit un représentant qui élit à son tour un autre représentant
- ❑ **c.** Au suffrage universel indirect, un représentant déjà élu par un citoyen, élit à son tour un autre représentant
- ❑ **d.** Pour être élu à la majorité relative, il faut avoir obtenu plus de la moitié des voix
- ❑ **e.** Il y a une majorité absolue quand le candidat élu est celui qui a obtenu le plus grand nombre de suffrages
- ❑ **f.** Il y a une majorité absolue quand le candidat élu est celui qui a obtenu plus de la moitié des suffrages

2 Parmi les affirmations suivantes, cochez celles qui sont exactes :

- ❑ **a.** Pour voter, en France, il faut être âgé de 20 ans
- ❑ **b.** Les conseillers municipaux sont élus au suffrage universel direct
- ❑ **c.** Les sénateurs sont élus au suffrage universel direct
- ❑ **d.** Les députés sont élus pour 4 ans
- ❑ **e.** Le 31 décembre est la date limite d'inscription sur une liste électorale

3 En France, le droit de vote des femmes remonte à :

- ❑ **a.** 1846
- ❑ **b.** 1944
- ❑ **c.** 1956
- ❑ **d.** 1972

4 Lors des élections départementales, sont élus :
- ❑ **a.** Les conseillers départementaux
- ❑ **b.** Les conseillers cantonaux
- ❑ **c.** Les sénateurs
- ❑ **d.** Les députés

5 Lors des élections municipales, les électeurs votent pour élire :
- ❑ **a.** Le président du conseil
- ❑ **b.** Le maire
- ❑ **c.** Le conseil municipal
- ❑ **d.** Le directeur général

6 La parité aux élections :
- ❑ **a.** C'est autant d'hommes que de femmes au sein du conseil municipal
- ❑ **b.** Autant d'hommes que de femmes sur les listes électorales
- ❑ **c.** Est pas obligatoire aux élections binominales départementales
- ❑ **d.** Est obligatoire aux élections présidentielles

7 Les élections municipales se déroulent normalement :
- ❑ **a.** Tous les 3 ans
- ❑ **b.** Sur 3 jours
- ❑ **c.** Tous les 6 ans
- ❑ **d.** Tous les 5 ans
- ❑ **e.** Au suffrage universel direct

8 Parmi les autorités suivantes, sont des autorités élues :
- ❑ **a.** Le recteur d'académie
- ❑ **b.** Le conseil régional
- ❑ **c.** Le président du conseil départemental
- ❑ **d.** Le préfet

9 Pour voter il faut notamment :
- ❑ **a.** Être âgé de 18 ans ou plus à la veille du premier tour de scrutin
- ❑ **b.** Être âgé de 18 ans ou plus au 1er janvier de l'année du scrutin
- ❑ **c.** Être inscrit sur les listes électorales

❑ **d.** Résider depuis au moins un an dans la même commune

❑ **e.** Jouir de ses droits civiques

10 En matière électorale, une procuration :

❑ **a.** Ne peut être donnée qu'à un membre de sa famille

❑ **b.** Permet de désigner un mandataire qui votera à la place du mandant

❑ **c.** Est impossible sans justificatif médical

❑ **d.** Est interdite pour les élections municipales

❑ **e.** Permet de désigner un mandant qui vote à la place du mandataire

11 Théoriquement, une part de scrutin proportionnel pourrait être possible :

❑ **a.** Lors d'élections de listes

❑ **b.** Lors d'élections uninominales

❑ **c.** Lors d'élections au scrutin mixte

❑ **d.** Lors d'élections au scrutin majoritaire

12 Je suis Européen (mais pas Français) :

❑ **a.** Je peux voter aux élections municipales

❑ **b.** Je peux être membre du conseil municipal

❑ **c.** Je peux être maire ou maire-adjoint dans ma commune

❑ **d.** Je peux voter aux élections présidentielles

❑ **e.** Je peux voter aux élections européennes

13 Je suis étranger (hors espace européen) :

❑ **a.** Je peux voter aux élections municipales

❑ **b.** Je peux voter lors d'un référendum municipal

❑ **c.** Je n'ai accès à aucun vote en France

14 La parité aux élections municipales se traduit, sur les listes présentées par les candidats, par :

❑ **a.** L'alternance d'un homme et d'une femme

❑ **b.** La formation de couples

❑ **c.** Autant d'élus hommes que de femmes

❑ **d.** Trois femmes et trois hommes par tranche de six candidats

15 Lors d'un référendum décisionnel local dans une commune, peuvent participer au vote :

❑ **a.** Les électeurs de la commune

❑ **b.** Tous les habitants de la commune

❑ **c.** Toute personne ayant intérêt à agir

16 La loi tendant à favoriser l'égal accès des femmes et des hommes aux mandats électoraux et fonctions électives (loi sur la parité) date :

❑ **a.** Du 13 juillet 1983

❑ **b.** Du 6 juin 2000

❑ **c.** Du 28 mars 2003

17 En France, les femmes sont électrices et éligibles depuis :

❑ **a.** Le Front populaire

❑ **b.** Le 21 avril 1944

❑ **c.** Le 10 mai 1981

❑ **d.** Le 27 avril 1848

❑ **e.** La Révolution de 1789

18 La limitation du cumul des mandats signifie que :

❑ **a.** Le maire ne peut à la fois engager les dépenses publiques et les mandater

❑ **b.** Le directeur général des services ne peut exercer aucun mandat électif dans la commune

❑ **c.** La loi limite l'exercice simultané de plusieurs mandats électifs

❑ **d.** Un administré ne peut régler par mandat qu'un nombre limité de services rendus par la commune

❑ **e.** Le comptable de la commune est tenu d'effectuer des versements réguliers auprès du Trésor Public afin de ne pas cumuler les mandats

ENTRAÎNEMENT

Le fonctionnement de la démocratie locale

Mode d'élection des assemblées délibérantes	COMMUNE	DÉPARTEMENT	RÉGION
Quel type de suffrage ?	...	...	...
Quel type de scrutin ?	Dans les communes de moins de 1 000 h ... Dans les communes de + de 1 000 h ...	... ...	... ...
Durée de mandat de l'organe délibérant ?	...	...	...
Quel est le mode de suffrage de l'organe exécutif ?	...	...	...
Quel est le mode de scrutin pour l'élection de l'organe exécutif ?	...	...	...
Durée du mandat de l'organe exécutif local ?	...	...	...

19 Qu'est-ce que des élections municipales partielles ?

....

20 Pourquoi ne peut-on pas élire un conseiller départemental au scrutin mixte ?

....

21 Quelle est la première tâche des conseillers juste après leurs élections par la population ?

....

22 Quelle différence y a-t-il entre un service administratif de la préfecture et les services municipaux ?

....

Vrai-Faux

23 Scrutin majoritaire veut dire qu'il faut être majeur pour voter. ❑ Vrai ❑ Faux

24 On élit le président de la République au scrutin proportionnel. ❑ Vrai ❑ Faux

25 La parité c'est autant d'hommes que de femmes dans les conseils municipaux. ❑ Vrai ❑ Faux

26 La parité n'est pas obligatoire aux élections départementales. ❑ Vrai ❑ Faux

27 La parité est obligatoire sur les listes des élections municipales. ❑ Vrai ❑ Faux

28 Le référendum décisionnel oblige les élus à appliquer le choix de la population. ❑ Vrai ❑ Faux

29 Pour élire les conseillers municipaux, c'est un scrutin de liste. ❑ Vrai ❑ Faux

30 Un agent du conseil départemental peut être candidat aux élections départementales du même territoire. ❑ Vrai ❑ Faux

31 Un canton est plus petit qu'un département. ❑ Vrai ❑ Faux

32 Le maire n'est pas élu par la population. ❑ Vrai ❑ Faux

33 Panacher les listes signifie qu'on peut rayer un nom d'une liste et ajouter à cette liste le nom d'un candidat d'une autre liste. ❑ **Vrai** ❑ **Faux**

34 Une procuration permet de désigner un mandataire qui votera à la place du mandant. ❑ **Vrai** ❑ **Faux**

35 On peut être membre d'un conseil municipal dans une commune et maire dans une autre. ❑ **Vrai** ❑ **Faux**

36 Pour être inscrit sur les listes électorales, il faut habiter sur la commune. ❑ **Vrai** ❑ **Faux**

37 Pour être inscrit sur les listes électorales, il faut avoir un casier judiciaire vierge. ❑ **Vrai** ❑ **Faux**

38 Un Européen peut voter aux élections départementales. ❑ **Vrai** ❑ **Faux**

39 Un Européen peut être membre d'un conseil municipal. ❑ **Vrai** ❑ **Faux**

40 Un étranger peut voter aux élections municipales. ❑ **Vrai** ❑ **Faux**

41 On peut être député ou sénateur et maire. ❑ **Vrai** ❑ **Faux**

42 On peut être élu au scrutin à la majorité relative sans avoir obtenu la majorité des suffrages exprimés. ❑ **Vrai** ❑ **Faux**

43 Un scrutin mixte comporte autant d'hommes que de femmes. ❑ **Vrai** ❑ **Faux**

44 Dans les communes de moins de 1 000 habitants, les listes peuvent être incomplètes. ❑ **Vrai** ❑ **Faux**

45 Dans les communes de moins de 1 000 habitants, après avoir rayé un nom (si la liste est complète) on peut ajouter sur une liste un nom qui n'apparaît sur aucune autre liste. ❑ **Vrai** ❑ **Faux**

46 Une procuration ne peut être donnée qu'à un membre de la même famille. ❑ **Vrai** ❑ **Faux**

CORRIGÉS

Les élections

QCM

1. **Réponses a, c et f.** La majorité absolue nécessite au moins la moitié des voix plus une. À la majorité relative, même si aucun candidat n'obtient la moitié des voix, sera élu celui qui obtiendra le plus de voix. Ce peut être le cas par exemple aux élections cantonales lorsque trois candidats se retrouvent au deuxième tour (hors les élections présidentielles où seulement les deux premiers candidats peuvent se présenter au second tour). Il se peut qu'aucun d'eux n'obtienne 50 % des voix mais par exemple : 15 %, 42 % et le dernier obtient 43 %. Sera élu avec la majorité relative, celui qui a obtenu 43 % des voix.

2. **Réponses b et e.** Il faut avoir 18 ans pour être inscrit sur les listes électorales et donc voter. Les sénateurs sont élus au suffrage universel indirect, par un corps électoral composé des députés, des conseillers régionaux, des conseillers départementaux et par 142 000 délégués des conseillers municipaux. Le mandat d'un sénateur est de six ans, mais le Sénat est renouvelé par moitié tous les trois ans. La première moitié du corps électoral des sénateurs vote pour une moitié des sénateurs, l'autre moitié du corps électoral votera pour l'autre moitié des sénateurs trois ans plus tard. Enfin, les députés ont un mandat de 5 ans.

3. **Réponse b.** En France, la loi date de 1944. Sans élection en 1944, les femmes n'ont pu exercer pour la première fois leur droit de vote qu'en 1945.

4. **Réponse a.** Depuis les élections départementales de mars 2015, on élit les conseillers départementaux (anciennement conseillers généraux).

5. **Réponse c.** Les électeurs élisent le conseil municipal et jamais le maire. Le maire est élu par le conseil municipal lors de sa première réunion. Le directeur général est un fonctionnaire.

6. **Réponses b et c.** La parité est bien sûr les listes électorales présentées par les partis politiques et non au sein du conseil. Elle est obligatoire aux élections départementales : le binome candidat doit être composé d'un

homme et d'une femme. Enfin, aux élections présidentielles, la parité n'est pas applicable puisqu'il n'est pas prévu de suppléant au candidat président. En cas d'empêchement du président, c'est le président du Sénat qui assurera l'intérim de la présidence de l'État.

7. **Réponses c et e.**

8. **Réponses b et c.** Le recteur d'académie ainsi que le préfet sont des fonctionnaires de l'État.

9. **Réponses a, c et e.** L'article L11-2 du code électoral précise « Lors de la révision des listes électorales précédant la tenue d'élections générales organisées à leur terme normal au mois de mars, les dispositions de l'article L.11-1 sont applicables aux personnes qui rempliront la condition d'âge entre la clôture définitive des listes électorales et la date du scrutin ».

10. **Réponse b.** Le mandataire est celui à qui le mandant a remis un mandat, c'est-à-dire un pouvoir.

11. **Réponses a et c.** Si on peut répartir des sièges en fonction des voix obtenues par chaque liste, ce n'est évidemment pas possible lors d'un scrutin uninominal : comment découper le candidat conformément au nombre de voix obtenues par chaque parti politique ! De même, pour le scrutin majoritaire, sera élu celui, ou la liste qui a obtenu la majorité des voix.
Repérer : quand on a une liste de candidats pour un même nombre de sièges on peut soit donner tous les sièges à la liste qui a obtenu la majorité des voix, et c'est un scrutin majoritaire. Soit partager les sièges en fonction du nombre de voix obtenues par chaque liste et c'est un scrutin proportionnel.

    Le scrutin mixte mélange les deux systèmes. Une partie (A) des sièges est donnée à la liste qui a obtenu la majorité des voix. L'autre partie (B) des sièges est répartie entre tous les partis politiques, (y compris celui qui vient d'obtenir la première partie (A)) proportionnellement aux nombres de voix obtenues. Le parti majoritaire au sein de l'assemblée obtient les sièges A plus une partie des sièges de la partie B.

12. **Réponses a, b et e.** Un Européen (sous certaines conditions de durée de séjour sur le territoire) peut se faire inscrire sur une liste électorale annexe dans sa commune et non seulement il peut voter aux élections municipales et européennes, mais il peut aussi être élu membre du conseil municipal. Cependant, il ne peut être maire ni maire adjoint,

puisque celui-ci est aussi officier de police administrative, d'état civil et de police judiciaire. Or, ces responsabilités ne peuvent être confiées qu'à un ressortissant de nationalité française.

13. Réponse c. Un étranger (hors UE) n'a, à ce jour, accès à aucun vote en France.

14. Réponse a. À compter des élections de 2014, l'alternance stricte sur les listes électorales est obligatoire dans toutes les communes de plus de 1 000 habitants.

15. Réponse a. En terme juridique, un référendum est une élection comme les autres. La différence n'est pas sur les conditions d'exécution mais sur l'objet qui ne peut être l'élection d'un représentant, mais le recueil de l'avis de la population sur un sujet précis.

16. Réponse b.

17. Réponse b. En France, c'est le Comité français de la libération nationale qui a donné le droit de vote aux femmes le 21 avril 1944. Sans élection en 1944, les femmes ont pu exercer pour la première fois ce droit lors des élections municipales du 29 avril 1945.

18. Réponse c. La nouvelle loi du 14 février 2014 va plus loin en interdisant tout cumul de mandats exécutifs. Ainsi, un parlementaire national ou européen ne peut cumuler les fonctions électives locales : fini le cumul député/maire ou sénateur/maire. Mais cette loi limite aussi le cumul avec les fonctions de direction au sein des collectivités territoriales et des EPCI. Ces dispositions s'appliquent à toutes les élections depuis 2017.

CORRIGÉS

Le fonctionnement de la démocratie locale

Mode d'élection des assemblées délibérantes	Commune	Département	Région
Quel type de suffrage ?	Suffrage universel direct	Suffrage universel direct	Suffrage universel direct
Quel type de scrutin ?	Scrutin de liste Dans les communes de moins de 1 000 habitants : majoritaire avec panachage possible Dans les communes de + de 1 000 habitants : scrutin mixte, 50 % des sièges vont à la liste qui a obtenu la majorité des voix, et les autres 50 % sont répartis proportionnellement entre toutes les listes en fonction du nombre de voix obtenues pour chaque liste.	Binominal, majoritaire à deux tours. Un homme et une femme par canton à compter de 2015.	Scrutin de liste mixte. 25 % des sièges vont à la liste qui a obtenu la majorité des voix, et les autres 75 % sont répartis proportionnellement entre toutes les listes en fonction du nombre de voix obtenues pour chaque liste.

Durée de mandat de l'organe délibérant?	6 ans	6 ans	6 ans
Quel est le mode de suffrage de l'organe exécutif ?	Suffrage universel indirect	Suffrage universel indirect	Suffrage universel indirect
Quel est le mode de scrutin pour l'élection de l'organe exécutif ?	Uninominal majoritaire à 3 tours, parmi les membres de l'assemblée délibérante	Uninominal majoritaire à 3 tours, parmi les membres de l'assemblée délibérante	Uninominal majoritaire à 3 tours, parmi les membres de l'assemblée délibérante
Durée du mandat de l'organe exécutif local ?	6 ans	6 ans	6 ans

19. Ce sont des élections mises en place dans une commune lorsque cette collectivité n'a plus de conseil municipal en capacité de fonctionner régulièrement : annulation des élections par le juge, démission du conseil municipal... Leur mandat ne durera que jusqu'à la date nationale des prochaines élections municipales.

20. Le scrutin mixte inclut une part de proportionnelle qui ne peut s'appliquer qu'à un scrutin de liste.

21. Ils doivent procéder à l'élection de l'exécutif puis des maires-adjoints ou vice-présidents des assemblées.

22. Les services de la préfecture sont des services déconcentrés de l'État, le personnel est fonctionnaire de l'État, rémunéré sur le budget national. Alors que les services municipaux sont les services de la collectivité territoriale commune, ce sont des personnels territoriaux, rémunérés sur le budget de la commune grâce, en partie, aux impôts locaux.

CORRIGÉS

Vrai-Faux

23. Faux. Cela veut dire qu'il faut avoir obtenu la majorité des voix.

24. Faux. Tous les scrutins uninominaux ne peuvent être que majoritaire.

25. Faux. La parité, c'est autant d'hommes que de femmes sur les listes électorales.

26. Faux. Depuis 2015, 2 candidats par canton devront se présenter et il doit y avoir obligatoirement 1 homme et 1 femme.

27. Vrai. Alternance stricte homme/femme depuis les élections de 2014.

28. Vrai. Contrairement au référendum consultatif.

29. Vrai. Dans les communes de moins de 1 000 habitants, et conséquence du panachage possible, même si les candidats peuvent se présenter par liste, le comptage des voix se fera suivant un mode uninominal majoritaire. Si plusieurs candidats obtiennent le même nombre de suffrage, l'élection est acquise au plus âgé.

30. Faux. Pas sur le même territoire.

31. Vrai.

32. Vrai. Il est élu dans ses fonctions de maire par le conseil municipal.

33. Vrai.

34. Vrai.

35. Faux. Puisque l'on ne peut être inscrit que sur une seule liste électorale, on ne peut être candidat que sur une même circonscription électorale municipale.

36. Faux. Il suffit d'être inscrit sur un rôle d'une des contributions directes communales (en étant propriétaire ou locataire de deux biens situés sur deux communes différentes, on paiera la taxe d'habitation pour les deux biens). Mais on ne peut être inscrit que sur une seule liste, il faut choisir !

37. Faux. Il suffit de jouir de ses droits civiques.

38. Faux. Uniquement pour les élections municipales et européennes.

39. Vrai. Toutefois, il ne pourra être ni maire, ni maire-adjoint.

40. Faux.

41. Faux. Les nouvelles règles du cumul des mandats, interdisent de cumuler un mandat d'exécutif local avec un mandat national.

42. Vrai. Si après les deux premiers tours, le conseil (municipal, départemental…) n'a pas pu dégager une majorité pour élire un exécutif, un troisième tour aura lieu. Sous certaines conditions, dans le cas où trois candidats seraient toujours en lice, et qu'aucun des trois n'obtienne une majorité absolue des voix, alors l'élection sera acquise à celui qui aura obtenu le maximum des voix. Il sera élu à la majorité dite relative.

43. Faux. C'est l'addition d'une part des sièges obtenus par le scrutin majoritaire et l'autre part des sièges obtenus avec le scrutin proportionnel (élections municipales et régionales).

44. Vrai. Un candidat peut se présenter seul.

45. Vrai.

46. Faux.

ENTRAÎNEMENT

Déconcentration/décentralisation

QCM

1 Lorsque l'État décentralise, il :

- ❑ **a.** Délègue des pouvoirs à des agents ou organismes locaux placés sous son autorité hiérarchique
- ❑ **b.** Transfère des compétences à des collectivités territoriales qui s'administrent librement
- ❑ **c.** Exerce un pouvoir de tutelle sur les autorités décentralisées
- ❑ **d.** Prend lui-même en charge des compétences décentralisées

2 Sont des autorités déconcentrées :

- ❑ **a.** Le Premier ministre
- ❑ **b.** Le préfet
- ❑ **c.** Le recteur d'académie
- ❑ **d.** Le maire

3 Aux termes de l'article 72 de la Constitution, les collectivités territoriales :

- ❑ **a.** Sont administrées par des représentants de l'État
- ❑ **b.** Peuvent voir leur existence prendre fin par arrêté du ministre de l'Intérieur
- ❑ **c.** S'administrent librement par des conseils élus
- ❑ **d.** Sont la commune, le canton, le département

4 Quelle est la loi qui a posé les grands principes de la décentralisation ?

- ❑ **a.** Loi du 5 juillet 1972
- ❑ **b.** Loi du 2 mars 1982
- ❑ **c.** Loi du 6 janvier 1986

5 La France compte :

❑ **a.** Environ 23 000 communes

❑ **b.** Environ 35 000 communes

❑ **c.** Environ 52 000 communes

❑ **d.** 13 régions métropolitaines

❑ **e.** 25 régions métropolitaines

❑ **f.** 96 départements métropolitains

6 Sont des collectivités territoriales :

❑ **a.** Le centre communal d'action sociale (CCAS)

❑ **b.** La commune

❑ **c.** La communauté d'agglomération

❑ **d.** L'Office public de l'habitat (OPH)

❑ **e.** Le département

❑ **f.** La région

7 L'enseignement dispensé dans les écoles maternelles et élémentaires est un service public géré par :

❑ **a.** Le ministère de l'Éducation nationale

❑ **b.** La commune

❑ **c.** La région

8 Pour caractériser les lois du 2 mars 1982, on parle :

❑ **a.** Des lois « Deferre » du nom du ministre de l'Intérieur de l'époque

❑ **b.** De la chartre de la décentralisation

❑ **c.** Du statut de la décentralisation

❑ **d.** De la révolution de velours

9 Depuis la loi du 2 mars 1982 relative aux droits et libertés des communes, départements et régions :

❑ **a.** Le contrôle *a posteriori* du préfet sur les actes des collectivités territoriales est supprimé

❑ **b.** Le préfet exerce un contrôle *a posteriori* des actes des collectivités territoriales

- ❑ **c.** Le président du conseil départemental assure l'exécution des délibérations du conseil départemental
- ❑ **d.** L'assemblée délibérante du conseil régional assure l'exécution des mesures prises par la région

10 La décentralisation en France :

- ❑ **a.** Se traduit par le transfert de compétences vers des collectivités territoriales
- ❑ **b.** Se traduit par le transfert de services de l'État vers des échelons inférieurs
- ❑ **c.** S'accompagne de transfert de moyens
- ❑ **d.** Est l'autre dénomination de la déconcentration

11 La direction départementale de la jeunesse et des sports est :

- ❑ **a.** Un service déconcentré de l'État
- ❑ **b.** Un service décentralisé de l'État
- ❑ **c.** Une autorité administrative indépendante
- ❑ **d.** Placée sous l'autorité du président du conseil départemental

12 L'acte II de la décentralisation débute avec :

- ❑ **a.** La révision constitutionnelle du 28 mars 2003
- ❑ **b.** Les lois des 7 janvier et 22 juillet 1983
- ❑ **c.** La loi du 2 mars 1982

13 Selon le principe de la libre administration, les collectivités territoriales :

- ❑ **a.** Déterminent librement leurs champs de compétences
- ❑ **b.** S'administrent librement par des conseils élus
- ❑ **c.** Agissent librement hors de tout contrôle

14 L'expression « acte II de la décentralisation » traduit :

- ❑ **a.** L'arrêt de la décentralisation après deux années d'expérimentation
- ❑ **b.** De nouveaux transferts de compétences aux collectivités territoriales, une vingtaine d'années après les premiers
- ❑ **c.** La décentralisation opérée par la Révolution française
- ❑ **d.** Le refus depuis deux siècles par les élus locaux de toute forme de décentralisation

15 La métropole du Grand Paris :

- ❑ **a.** Est un établissement public intercommunal
- ❑ **b.** Est une collectivité territoriale
- ❑ **c.** Est un service dépendant de l'État
- ❑ **d.** Est un service dépendant de la Ville de Paris

16 Le périmètre du Grand Paris est :

- ❑ **a.** Subdivisé en 4 circonscriptions correspondant aux 4 départements
- ❑ **b.** Subdivisé en 12 territoires
- ❑ **c.** Subdivisé en 22 territoires

17 La métropole de Lyon :

- ❑ **a.** Est un établissement public intercommunal comme les autres métropoles
- ❑ **b.** Est une collectivité territoriale fusionnant la communauté urbaine avec une partie du département

18 Lorsque l'État transfère des compétences à des collectivités territoriales, il :

- ❑ **a.** Centralise
- ❑ **b.** Localise
- ❑ **c.** Décentralise
- ❑ **d.** Délocalise
- ❑ **e.** Déconcentre

Vrai-Faux

19 La décentralisation est une délégation de pouvoir de l'État vers des agents représentant l'État sur des portions de territoires plus petites. ❑ **Vrai** ❑ **Faux**

20 Le préfet est un élu qui représente l'État. ❑ **Vrai** ❑ **Faux**

21 Les services de la préfecture sont des services locaux de l'État. ❑ **Vrai** ❑ **Faux**

22 La décentralisation est un transfert de pouvoir de l'État vers les personnes morales que sont les collectivités territoriales. ❑ **Vrai** ❑ **Faux**

23 La décentralisation a créé de multiples nouveaux centres de décision sur le territoire. ❑ **Vrai** ❑ **Faux**

État

24 La décentralisation n'est pas une délégation de pouvoir de l'État vers les communes. ❑ **Vrai** ❑ **Faux**

25 Dans les communes, l'état civil est un service de l'État. ❑ **Vrai** ❑ **Faux**

26 La « double casquette » du maire veut dire qu'il a, sur sa commune, des responsabilités au nom de l'État et d'autres au nom du préfet. ❑ **Vrai** ❑ **Faux**

27 Dans la déconcentration, les pouvoirs du président de la République sont confiés au maire. ❑ **Vrai** ❑ **Faux**

28 En France, la décentralisation date de la loi du 2 mars 1982. ❑ **Vrai** ❑ **Faux**

29 La déconcentration n'existe plus en France depuis la décentralisation. ❑ **Vrai** ❑ **Faux**

30 Déconcentration et décentralisation sont deux systèmes d'organisation administrative complémentaire. ❑ **Vrai** ❑ **Faux**

31 Les autorités déconcentrées administrent librement les affaires locales. ❑ **Vrai** ❑ **Faux**

32 Dans les communes, la mise en place des élections est une compétence de l'État. ❑ **Vrai** ❑ **Faux**

33 La déconcentration est le transfert de compétences des collectivités territoriales à l'État. ❑ **Vrai** ❑ **Faux**

34 Lorsque l'État transfère des compétences à des collectivités territoriales, il délocalise. ❑ **Vrai** ❑ **Faux**

35 Les autorités déconcentrées sont élues au suffrage universel. ❑ **Vrai** ❑ **Faux**

CORRIGÉS

Déconcentration/décentralisation

QCM

1. **Réponse b.** Rappel des mots clés : déconcentration = délégation, la personne qui délègue garde la responsabilité des actions engagées en son nom ; décentralisation = transfert, la personne qui transfert perd toute responsabilité sur l'objet transféré au profit de celui à qui a été transféré l'objet.

2. **Réponses b et c.**

3. **Réponse c.** Le canton n'est qu'un découpage de territoire qui permet l'élection du conseiller départemental. Ce n'est pas une collectivité territoriale qui est personne morale dotée de la personnalité juridique.

4. **Réponse b.**

5. **Réponses b, d et f.** Les régions dites « métropolitaines » n'incluent pas les régions d'outre-mer.

6. **Réponses b, e, f.** Le CCAS, la communauté d'agglomération et l'OPH sont des établissements publics, donc des personnes morales publiques dotées d'un conseil d'administration qui n'a pas été élu par la population, contrairement aux collectivités territoriales.

7. **Réponse a.** L'enseignement est une compétence relevant de l'État. Les collectivités territoriales n'ont hérité que des bâtiments et du fonctionnement.

8. **Réponse a.**

9. **Réponses b et c.** Par les lois de décentralisation, le préfet s'est vu retirer le contrôle a *priori* qu'il exerçait sur les décisions du conseil départemental, c'est-à-dire avant que les élus du conseil départemental ne puissent prendre définitivement leur décision. Désormais, il exerce un contrôle a *posteriori*, c'est-à-dire après que les élus du conseil ont pris leur décision. Sitôt que la collectivité a répondu à ses deux obligations (transmission en préfecture et publication d'un acte collectif ou notification d'un

acte individuel), elle peut mettre en application le contenu de son acte sans attendre la réponse du préfet. Celui-ci à deux mois pour vérifier si cet acte est légal ou non.

10. Réponses a et c.

11. Réponse a.

12. Réponse a. Il s'agit bien de l'acte II et non de l'acte I mettant en place la décentralisation en France. La révision constitutionnelle du 28 mars 2003 sur l'organisation décentralisée de la République étend les responsabilités des collectivités et leur reconnaît notamment un droit à expérimentation. Elle renforce leur autonomie financière et élargit la démocratie locale (droit accordé aux collectivités locales d'organiser des référendums décisionnels et droit de pétition pour les électeurs). La loi constitutionnelle aménage également le statut de l'outre-mer.

13. Réponse b. Principe constitutionnel (art. 72). Les conseils élus par la population décident librement de la gestion des services à la population, toutefois dans le cadre des lois et sous le contrôle de l'État.

14. Réponse b.

15. Réponse a.

16. Réponse b.

17. Réponse b.

18. Réponse e.

Vrai-Faux

19. Faux. C'est la définition de la déconcentration.

20. Faux. Ce n'est pas un élu mais un fonctionnaire de l'État.

21. Vrai. Dans le cadre de la déconcentration.

22. Vrai.

23. Vrai. Ce sont les collectivités territoriales.

24. Vrai. Ce n'est pas une délégation mais un transfert. Lorsque l'on délègue quelque chose on en garde la responsabilité alors que dans le transfert, on en perd toute responsabilité au profit de celui à qui l'on a transféré la chose.

25. Vrai.

26. Faux. Il a des compétences au nom de l'État (et le préfet est le représentant de l'État), et d'autres en qualité d'élu, représentant de la collectivité territoriale.

27. Faux. Les pouvoirs propres du président de la République ne sont pas transférables, mais certains pouvoirs de l'État peuvent être confiés au maire, par délégation, comme localement la mise en place des élections ou la gestion de l'état civil, par exemple.

28. Vrai.

29. Faux. Les deux systèmes d'administration continuent de coexister, une administration de l'État et à côté une administration locale gérée par des conseils élus par la population.

30. Vrai.

31. Faux. Les autorités déconcentrées sont sous l'autorité de l'État, ce sont les autorités décentralisées qui s'administrent librement.

32. Vrai. C'est un service déconcentré de l'État à la mairie de la commune.

33. Faux. Mots clés : déconcentration = délégation de pouvoirs. Décentralisation = transfert de pouvoirs.

34. Faux.

35. Faux. Ce sont des fonctionnaires de l'État.

L'ÉTAT EN MOTS CROISÉS

Verticalement
1. Il a son siège à la chambre
1. Façon d'organiser un vote
3. Il représente le pouvoir législatif
5. Acte réglementaire
5. Un important traité européen y fut signé
8. Elle a toujours le dernier mot
10. Il représente le gouvernement dans le département
10. Temps pendant lequel une autorité publique ne s'exerce plus
11. Impôt
12. Il a deux casquettes
12. Nommer par la voie des suffrages
14. Principe de la déconcentration
16. Texte fondateur d'un État
17. Ainsi déclaré si griffonné aux urnes
18. Uniquement pris par le président et/ou le Premier ministre
19. Lieux d'exercice du pouvoir judiciaire
20. Issu des urnes
21. Scrutin d'élection d'un député
22. Il fait campagne

Horizontalement
A. Il promulgue les lois
D. Plan d'urgence déclenché par le préfet
D. Mode d'expression de la volonté du peuple
E. Son territoire sert à l'élection d'un conseiller
F. Principe d'égalité des chances
G. État
H. La Commission européenne y siège
K. Consultation populaire

M. Système dans lequel les citoyens disposent de la souveraineté
M. Ce type de scrutin en cumule deux
O. Autre plan d'urgence déclenché par le préfet
P. Cette chambre est la voix des collectivités territoriales
Q. Vient du grec *Kratos*
R. Une des caractéristiques de l'État français
R. Élément de la devise française
R. Acte pris par les chambres
T. Il représente le pouvoir exécutif
U. Une des caractéristiques du vote
V. On y trouve un préfet et un conseiller départemental

CORRIGÉS

L'État en mots croisés

	1	2	3	4	5	6	7	8	9	10	11	12	13	14	15	16	17	18	19	20	21	
A										P	R	E	S	I	D	E	N	T				
B	D									R		L					U					
C	E							A		E		I					L					
D	P	O	L	M	A	R		S	U	F	F	R	A	G	E						U	
E	U				R			S		E		E				C	A	N	T	O	N	
F	T		P	A	R	I	T	E		T	T			D		O			R		I	
G	E				E			M			A			E		N	A	T	I	O	N	
H					T			B	R	U	X	E	L	L	E	S			B		O	
I			P		E			L			E			E		T			U		M	
J			A					E						G		I			N		I	
K			R	E	F	E	R	E	N	D	U	M		A		T			A		N	
L			L					N						T		U			U		A	
M		D	E	M	O	C	R	A	T	I	E		M	I	X	T	E		X		L	
N			M					T				M		O		I						C
O			E					I				A		N		O	R	S	E	C		A
P	S	E	N	A	T		P	O	U	V	O	I	R			N						N
Q	C		T					N		A		R						D		E		D
R	R						L	A	I	C		E	G	A	L	I	T	E		L	O	I
S	U				R			L		A								C		U		D
T	T			G	O	U	V	E	R	N	E	M	E	N	T			R				A
U	I				M					C							S	E	C	R	E	T
V	N			D	E	P	A	R	T	E	M	E	N	T				T				

PARTIE 2

Les collectivités territoriales

FICHE 6

Les collectivités territoriales

OBJECTIFS

Pour votre concours, vous devez être capable de :

- Donner une définition de ce qu'est une collectivité territoriale.
- Donner la date de leur mise en place.
- Citer les trois niveaux de collectivités territoriales.
- Expliquer leur mode d'organisation.
- Citer les représentants de ces institutions décentralisées.
- Citer les 3 types de collectivités.
- Différencier élus, administrés et agents territoriaux.
- Nommer les organes exécutifs, délibérants et consultatifs dans les collectivités.

Définition

Une collectivité territoriale est une **personne morale, de droit public**, dotée de la personnalité juridique, organisée en structure administrative, **chargée des intérêts des personnes vivant sur son territoire**. Elle est distincte de l'administration de l'État.

On distingue :

Les communes	34839 (source : Insee) en France métropolitaine auxquelles il faut ajouter 129 communes dans les cinq départements d'outre-mer. Total 34968 au 1er janvier 2019.
Les départements	101 comprenant les cinq départements d'outre-mer (DOM).
Les régions	18 (à partir du 1er janvier 2016) incluant les cinq régions d'outre-mer.

Des collectivités à statut particulier	Paris, Lyon, Marseille et la collectivité territoriale de Corse.
Les collectivités d'outre-mer (COM)	Au nombre de 5 : Polynésie française, Saint-Barthélemy, Saint-Martin, Saint-Pierre-et-Miquelon et Wallis-et-Futuna.

Elles se caractérisent par :

- un nom ;
- un territoire précis ;
- des organes de gestion élus par la population ;
- un libre pouvoir de décision inscrit dans la Constitution (art. 72) ;
- des domaines de compétences ;
- des moyens sur lesquels elle peut s'appuyer pour faire face à la mise en œuvre de ses missions.

Leurs règles de fonctionnement

Hors Paris, Lyon, Marseille et les collectivités d'outre-mer qui ont des règles un peu différentes, elles sont dotées de :

Une assemblée délibérante	Un pouvoir exécutif	Un organe de consultation
Élue au suffrage universel direct	**Élu au suffrage universel indirect**	**Membres désignés**
Conseil municipal, conseil départemental et conseil régional.	Maire, président du conseil départemental, président du conseil régional... élu parmi les membres de l'assemblée délibérante.	Uniquement pour les régions, le conseil économique, social et environnemental Régional (CESER).

La commune

OBJECTIFS

Pour votre concours, vous devez être capable de :

- Expliquer l'organisation de cette collectivité.
- Donner le mode d'élection des représentants de la population.
- Faire la distinction entre les élus et les fonctionnaires municipaux et les compétences de chacun.
- Donner quelques domaines de compétences transférées aux communes.
- Donner des informations précises sur l'organisation et le nombre de conseillers de votre propre commune de résidence (fait référence à votre curiosité de citoyen) sans donner de nom, bien sûr !
- Expliquer ce qu'on entend par « la double casquette du maire ».
- Avoir une idée approchante du nombre de communes en France.

Définition

La commune est une collectivité territoriale de proximité, elle est gérée par des représentants élus par sa population, les conseillers municipaux. Elle a en charge certains services publics de proximité répondant aux besoins de la population du territoire.

Quelques chiffres

34836 communes en France métropolitaine au 1er janvier 2021, plus 129 dans les DOM, soit un total de 34965 communes :

- 75 % ont moins de 1 000 habitants et représentent 15 % de la population ;
- 2,52 % des communes représentent 50 % de la population.

Repères historiques

Avant la Révolution	Il existait des paroisses, des communautés, des seigneuries, des villes franches...
14 décembre 1789	La Révolution met en place les communes, désignées comme la plus petite division administrative, en remplacement de tout autre système préexistant. Une assemblée élue par la population et un maire nommé par l'État à sa tête. C'est un lieu d'exercice de l'État.
1792	Les registres des baptêmes, mariages et sépultures tenus par l'Église passent sous la responsabilité d'un officier public, élu, et deviennent registres des naissances, mariages et décès.
5 avril 1884	La loi relative à l'organisation municipale, encore appelée la grande charte municipale, fait de la commune quasiment une collectivité décentralisée. En effet, le conseil municipal désormais « règle par ses délibérations les affaires de la commune ». L'organisation de la commune, le fonctionnement de ses organes, fixés par cette loi, ne connaîtront que très peu d'évolutions jusqu'à nos jours.
2 mars 1982	Loi relative aux droits et libertés des communes, des départements et des régions. Elle remplace la tutelle pesant sur les collectivités locales, organes de l'État, par un contrôle a *posteriori* confié au préfet et au juge administratif.

Double statut de la commune

Sur le même territoire géographique, coexistent aujourd'hui deux systèmes d'administration et de gestion des affaires locales :

Les services de l'État dans le cadre de la déconcentration

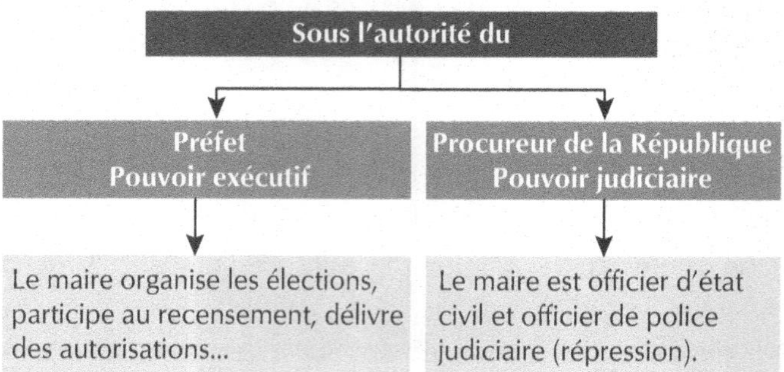

Les services de l'administration décentralisée

Ils sont autonomes, dans le cadre de la libre administration des collectivités territoriales (urbanisme, petite enfance, social...).

La commune, collectivité territoriale

Elle est composée de deux organes :

Organe délibérant	Pouvoir exécutif
Le conseil municipal	**Le maire**
Composé de 7 à 163 conseillers municipaux élus au suffrage universel direct, avec un mandat de 6 ans. Parité avec alternance stricte obligatoire dans les communes de plus de 1 000 hab.	Élu au suffrage universel indirect, pour 6 ans, parmi les membres du conseil municipal. Les maires-adjoints, élus aussi par le conseil municipal pour 6 ans, à la suite de l'élection du maire.

Les attributions de l'organe délibérant, le conseil municipal

Conséquence de la clause générale de compétence, le conseil municipal gère par ses **délibérations** les affaires de la commune. La délibération est le document sur lequel sont précisément notées la ou les décisions prises à la majorité des conseillers.

Le conseil municipal a pouvoir de gestion sur le territoire de la commune, envers les administrés et chaque fois que l'intérêt de la commune l'exige.

- Il élit le maire et les adjoints au maire.
- Il discute et vote le budget de la commune.
- Il vote la création ou la suppression des services publics locaux, les emplois communaux qui y sont liés, ainsi que toutes les mesures liées à la gestion de ces services.
- Il a compétence en matière d'urbanisme, vote le plan local d'urbanisme (PLU)...

Les attributions de l'organe exécutif, le maire

Le maire est l'autorité exécutive de la commune. Il prend les **arrêtés** nécessaires à la gestion des affaires de la commune, notamment à l'exécution des délibérations du conseil.

- Il prépare, convoque et dirige les réunions du conseil municipal.

- Il en exécute les délibérations.
- Il est l'ordonnateur des recettes et des dépenses de la commune.
- Il représente la commune, personne morale, par sa signature et défend des intérêts de la commune.
- Il peut recevoir délégation de pouvoir ou de signature du conseil municipal.
- Il peut déléguer les pouvoirs qui ne lui sont pas propres à ses adjoints.
- Il est autorité de police municipale, dite police administrative (prévention), notamment sur 4 domaines :
  - bon ordre,
  - sécurité,
  - tranquillité
  - et salubrité.
- Il dirige les services municipaux : il est le chef hiérarchique du personnel municipal et dispose d'un pouvoir d'organisation des services. Il recrute le personnel dans les services et sur les postes préalablement votés par le conseil municipal. Il procède à l'affectation des agents dans les services. Il procède à l'évaluation du travail et délivre les sanctions disciplinaires.
- Il délivre les autorisations d'urbanisme.
- Il procède à la publication des arrêtés municipaux.

Exemple d'organisation

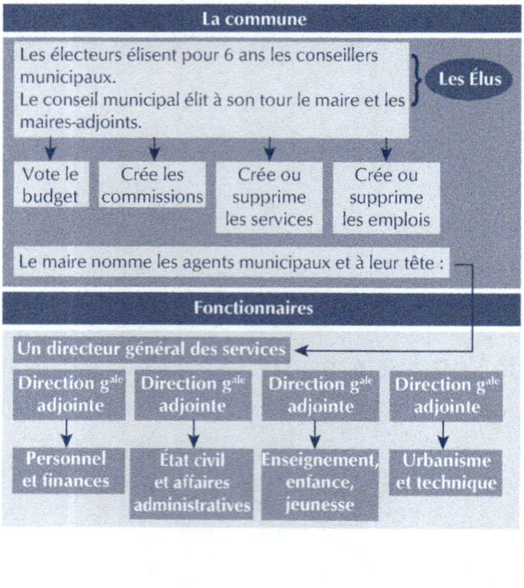

FICHE 8

La coopération intercommunale

OBJECTIFS

Pour votre concours, vous devez être capable de :

- Définir l'utilité de l'intercommunalité.
- Citer quelques exemples de structures intercommunales.
- Donner quelques missions qui peuvent être confiées à un établissement intercommunal.
- Expliquer le fonctionnement d'un établissement intercommunal.

Définition

La France compte un nombre très important de petites communes, qui sont incapables de prendre seule en charge l'intégralité des missions qui leur sont confiées. 32 000 communes ont moins de 2 000 habitants, 20 000 en ont moins de 700 !

Aussi, sont-elles obligées de se regrouper pour assurer leurs missions de service public. L'intercommunalité, c'est donc **la mutualisation des moyens et des compétences**.

L'intercommunalité est devenue obligatoire depuis la loi du 1er juillet 2013.

Repères historiques

Loi du 22 mars 1890	Première loi sur cette coopération intercommunale qui crée le SIVU, syndicat intercommunal à vocation unique (une seule mission).
Loi Joxe du 6 février 1992	Relative à la coopération intercommunale, au référendum communal et au statut des élus.
Loi Chevènement du 12 juillet 1999	Renforçant et simplifiant la coopération intercommunale.

Loi du 16 décembre 2010	Création de la Métropole.
Les lois Maptam et NOTRe	Elles ont renforcé l'intercommunalité en la rendant obligatoire et avec des seuils de population à 15 000 habitants (sauf en zone montagneuse). Création de collectivités chef de file.

Organisation des structures intercommunales

Les établissements publics de coopération intercommunale (EPCI) sont organisés sur la même base que les collectivités territoriales :

Organe délibérant	Organe exécutif
Le conseil communautaire	**Le président du conseil communautaire**
Composé de représentants des communes affiliées, élu pour la première fois au suffrage universel direct lors des élections municipales de mars 2014. Parité avec alternance stricte obligatoire.	Il est élu de même que les vice-présidents parmi les membres du conseil.

Financement

Une forme **sans fiscalité propre** : le financement est assuré par les contributions des communes membres.

Une forme fédérative **à fiscalité propre** : outre l'apport des communes membres, s'ajoute l'impôt local que peut lever le syndicat.

La commission départementale de coopération intercommunale

Présidée par le préfet, sa mission est d'aider les communes à choisir le type de coopération en fonction de leurs tailles et des services qu'elles souhaitent mutualiser.

Principaux types d'EPCI

Type	Date de création	Fiscalité propre	Nb au 01/01/2019	Remarques
SIVU[1]	1890	Non	6 423	En milieu rural. Peut comprendre des communes non limitrophes.
Syndicat mixte	1955	Non	2 781	Peut comprendre des communes, d'autres collectivités ou syndicats intercommunaux.
SIVOM[2]	1959	Non	1 078	
Communauté urbaine (CU)	1966	Oui	13	Espace d'un seul tenant et sans enclave, au moins 450 000 habitants.
Communauté de communes (CC)	1992	Oui	1 001	Espace d'un seul tenant et sans enclave, moins de 50 000 habitants.
Communauté d'agglomérations (CA)	1999	Oui	223	Espace d'un seul tenant et sans enclave, au moins 50 000 habitants et une commune centre d'au moins 15 000 habitants.

Collectivités territoriales

Type	Date de création	Fiscalité propre	Nb au 01/01/2019	Remarques
Métropole	2010	Oui	• 21 : Bordeaux, Brest, Clermont-Ferrand, Dijon, Grenoble, Lille, Metz, Montpellier, Nancy, Nantes, Nice, Orléans, Rennes, Rouen, Saint-Étienne, Strasbourg, Toulon, Toulouse, Tours ; Paris et Aix-Marseille, avec un statut particulier. • Lyon est une collectivité territoriale et non un EPCI.	L'acte III de la décentralisation prévoit : • la création de métropoles dans les agglomérations de plus de 400 000 habitants en 2015 ; • la création de métropoles à statut particulier à Paris et Marseille en 2016 ; • la création d'une métropole de Lyon comme collectivité territoriale à statut particulier et non intercommunalité en 2015.
Pôle métropolitain	2010	Oui	134	Destiné à favoriser la coopération entre grandes agglomérations proches.

(1) Syndicat intercommunal à vocation unique.
(2) Syndicat intercommunal à vocation multiple.

FICHE 9

Le département

OBJECTIFS

Pour votre concours, vous devez être capable de :

- Citer les représentants de la population siégeant au conseil départemental.
- Expliquer le système d'élection mis en place pour les conseillers départementaux.
- Donner la durée du mandat d'un conseiller départemental et du président du conseil départemental.
- Citer la compétence principale dévolue aux départements.
- Expliquer ce qu'est un canton.
- Expliquer les rôles des deux organes du département.
- Distinguer le rôle du préfet de celui de président du conseil départemental.

Définition

Le département est une portion de territoire créée à la Révolution, qui devient une personne morale collectivité territoriale avec la loi de décentralisation du 2 mars 1982.

Repères historiques

22 décembre 1789	83 départements ont été créés par la Révolution, dotés d'un conseil de département (supprimé en 1793 et remis en place en 1800). Un président préside l'assemblée mais c'est le préfet qui détient le pouvoir exécutif.
1833	Élection au suffrage censitaire des conseillers généraux.
3 juillet 1848	Élection au suffrage universel (masculin) des conseillers généraux.

Loi du 10 août 1871	Adoptée au lendemain de la Commune de Paris. Le conseil général devient l'entité chargée de gérer les affaires du département. Le préfet détient la fonction exécutive et reste le véritable «patron» de l'administration départementale.
2 mars 1982	Le préfet perd le pouvoir exécutif du conseil qui est transféré aux mains du président du conseil général, élu parmi les membres du conseil.
Loi du 17 mai 2013	A mis en place un nouveau mode de scrutin des conseillers départementaux : élection binomiale paritaire, un homme et une femme par canton.

Organisation

Comme la commune, il est constitué ainsi :

Organe délibérant	Organe exécutif
Le conseil départemental	**Le président du conseil départemental**
Élu pour 6 ans au suffrage universel direct. Avec la loi du 17 mai 2013 et depuis les élections départementales, de 2015, il y a deux fois moins de cantons dans chaque département, mais sur chaque canton se présentent deux conseillers départementaux, et obligatoirement un homme et une femme, ayant chacun un suppléant de même sexe. Le nombre total de conseillers reste donc sensiblement le même. Ils seront élus intégralement pour 6 ans (disparition de l'alternance).	Ils sont élus de même que les vice-présidents parmi les membres du conseil au suffrage universel indirect.

Les attributions du conseil départemental

Comme pour la commune, le conseil départemental gère par ses **délibérations** les affaires du département.

- Il élit le président et les vice-présidents.

- Il discute et vote le budget du département.
- Il vote la création ou la suppression des services publics locaux ainsi que les emplois qui y sont liés, et toutes les mesures liées à la gestion de ces services.
- Il élabore la politique sociale dans les domaines de l'aide à l'enfance, aux personnes âgées, aux personnes handicapées, la PMI, le RSA...
- Il se réunit soit dans sa totalité en séance plénière, soit dans sa forme restreinte, la commission permanente.

Les attributions du président du conseil départemental

C'est l'organe exécutif du département. Il est élu par le conseil départemental et parmi ses membres. Depuis 2015, il est élu pour 6 ans.

- Il prépare, convoque et dirige les réunions du conseil départemental.
- Il en exécute les délibérations.
- Il est l'ordonnateur des recettes et des dépenses du département.
- Il représente le département, personne morale, par sa signature et défend des intérêts du département.
- Il peut recevoir délégation de pouvoir ou de signature du conseil départemental.
- Il peut déléguer les pouvoirs qui ne lui sont pas propres à ses vice-présidents.
- Il est autorité de police administrative (prévention), sur les routes départementales hors agglomération, pour la protection de l'enfance en danger...
- Il est le chef hiérarchique du personnel : recrutement, affectation, évaluation du travail, sanction disciplinaire...
- Il procède à la publication ou notification des arrêtés départementaux.

10 FICHE

La région

OBJECTIFS

Pour votre concours, vous devez être capable de :

- Expliquer le système d'élection mis en place pour les conseillers régionaux.
- Citer la compétence principale dévolue aux régions.
- Donner la durée du mandat d'un conseiller régional, du président du conseil régional.
- Expliquer les rôles des trois organes de la région.

Définition

La région est la plus jeune des collectivités territoriales, créée par la loi du 2 mars 1982.

Repères historiques

1956	Découpage du territoire en région afin d'y promouvoir des programmes d'actions économiques.
1972	Devient un établissement public à vocation régionale doté d'un conseil.
mars 1986	Voit réellement le jour en tant que collectivité territoriale avec la première élection au suffrage universel du conseil régional.
2015	Réforme de la carte des régions : passage de 22 à 13 régions métropolitaines au 1er janvier 2016

Organisation

Sur le même modèle que les deux autres niveaux de collectivité, elle est constituée ainsi :

Le conseil régional	Le président de région	Le conseil économique et social
Organe délibérant	**Organe exécutif**	**Organe consultatif**
Élu pour 6 ans au suffrage universel, scrutin de liste mixte. Parité avec alternance stricte obligatoire.	Il est élu de même que les vice-présidents parmi les membres de l'assemblée de région.	Organe de consultations spécifique à la région. Ses membres sont nommés, et non élus.

Les attributions du conseil régional

Le conseil régional gère par ses **délibérations** les affaires de la région.

- Il élit le président et les vice-présidents.
- Il discute et vote le budget de la région.
- Il vote la création ou la suppression des services publics locaux ainsi que les emplois qui y sont liés, et toutes les mesures liées à la gestion de ces services.
- Il élabore la politique de formation professionnelle, de l'aménagement du territoire, du schéma des transports, de l'aide au développement économique...
- Il détermine les programmes pluriannuels d'intérêt régional.
- Il suit les contrats de plan passés entre l'État et les régions.
- Il est associé l'élaboration de la politique nationale de la recherche et de la technologie.

Les attributions du président du conseil régional

C'est l'organe exécutif de la région. Il est élu par le conseil régional et parmi ses membres, pour 6 ans.

- Il prépare, convoque et dirige les réunions du conseil régional.
- Il en exécute les délibérations.
- Il est l'ordonnateur des recettes et des dépenses de la région.
- Il représente la région, personne morale, par sa signature et défend des intérêts de la région.

- Il peut recevoir délégation de pouvoir ou de signature du conseil régional.
- Il peut déléguer les pouvoirs qui ne lui sont pas propres à ses vice-présidents.
- Il est le chef hiérarchique du personnel : recrutement, affectation, évaluation du travail, sanction disciplinaire...
- Il procède à la publication ou notification des arrêtés régionaux.

Le conseil économique, social et environnemental

Ses membres sont désignés pour 6 ans par :

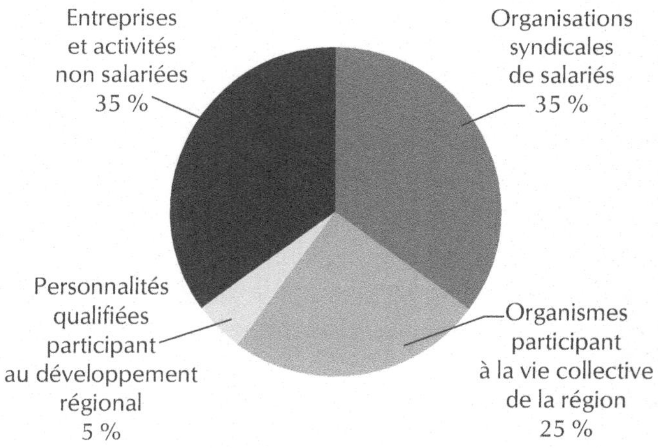

- ***Son rôle***

Il est consulté par les instances politiques de la région et émet obligatoirement son avis sur la préparation et l'exécution du plan national dans la région, le projet de plan régional, les orientations générales du budget régional, les schémas régionaux d'aménagement et de développement du territoire et toutes les décisions importantes qui peuvent être envisagées...

Il peut être saisi par le président pour toute demande d'avis et d'études sur tout projet à caractère économique, social ou culturel.

FICHE 11

Les compétences des collectivités territoriales

OBJECTIFS

Pour votre concours, vous devez être capable de :

- Donner une définition des compétences obligatoires et des compétences facultatives, et de les différencier.
- Donner des exemples pris dans la vie quotidienne ou professionnelle de ces compétences.
- Citer les compétences principales des trois niveaux de collectivités.
- Différencier les champs de compétences entre les collectivités territoriales et l'État.

Définition

Les compétences des collectivités territoriales sont des missions, des domaines d'intervention, transférés par l'État ou choisis par les collectivités afin de prendre en charge les besoins d'intérêts généraux de leur population.

Les types de compétences

Les compétences obligatoires

Elles sont fixées par l'État au travers des diverses lois de transfert notamment les lois de l'acte I en 1983, de l'acte II en 2004 et de l'acte III en 2014-2015.

Ces compétences sont souvent exclusives : une compétence attribuée à un niveau de collectivité ne peut être prise en charge par un autre niveau de collectivité (la région ne peut être le maître d'ouvrage d'une école primaire).

Les compétences facultatives
Elles correspondent à la mise en œuvre de la « clause générale de compétence » inscrite dans la Constitution.
Ce sont des choix complémentaires, définis par la collectivité, votés à la majorité de l'assemblée délibérante et qui répondent à des besoins d'intérêts généraux de la population locale concernée.

Mise en œuvre des compétences

Hors cas précisés dans la loi, la collectivité peut décider :

- Soit d'assurer elle-même la mise en œuvre de la mission, sur son budget et avec son personnel.
- Soit de créer un établissement public (personne morale indépendante) à qui elle confiera la mission de service public, mais qui restera sous sa surveillance étroite (OPH, EPCI...).
- Soit de s'adresser à une entreprise privée qui assurera, suite à un marché public et un contrat, une mission d'intérêt général : élagage des arbres des avenues, ménage des locaux administratifs, travaux routiers...

Exemples :

En gras quelques compétences obligatoires.

En italique quelques exemples de compétence facultatives.

Sur fond de couleur, la compétence principale de ce niveau de collectivité.

Compétences	Commune	Département	Région
Enfance, jeunesse	*Crèche, halte-garderie, centre aéré, cantine scolaire*	*Crèche départementale* **Protection de l'enfance en danger**	
Enseignement	**Construction, équipement, entretien et fonctionnement des écoles primaires**	**Construction, équipement, entretien et fonctionnement des collèges**	**Construction, équipement, entretien et fonctionnement des lycées**

Compétences	Commune	Département	Région
Sport	*Patinoire, piscine olympique, golf, ranch, piste de ski...* **Stade, piscine, gymnase notamment associés aux équipements scolaires**		
	Des écoles primaires	Des collèges	Des lycées
Formation profession-nelle		Frais de fonction-nement des IUFM	Formation professionnelle et apprentis-sage. Formation continue
Transports	Financement et organisation des transports publics		Financement et organisation hors du périmètre urbain Schéma régional des infrastructures et des transports
Action sani-taire et sociale	Création d'un CCAS ou CIAS *Mise en œuvre d'actions en faveur des per-sonnes âgées, et en difficulté sur la commune, en lien avec le Départe-ment (repas livrés à domicile...)*	Aide sociale à l'enfance, aux familles, aux personnes âgées, aux personnes handicapées, le RSA, l'APA, le FSH, la PMI.... Mise en place des MDPH	
Environne-ment	*Création et entretien de parcs, squares ou jardins*	Protection des espaces naturels sensibles	*Parcs naturels régionaux*
Voirie, propreté	Construction, entretien des voies communales. Ramassage et traitement (voire tri) des ordures ménagères. Création et entre-tien des réseaux d'eau potable et assainissement.	Construction, entretien des voies départementales	

Compétences	Commune	Département	Région
Voirie, propreté	**Possibilité de création et exploitation de ports de plaisances et aérodromes**	**Gestion et entretien des cours d'eau domaniaux et des ports de commerce (maritimes ou fluviaux) et de pêche**	
Urbanisme	*Élaboration du PLU, soit dans la commune, soit en intercommunalité*		**Schéma régional d'aménagement et de développement du territoire**
Logement	**Programme local de l'habitat et logements sociaux**		
Culture	**Conservatoires municipaux de musique, danse, art dramatique** *Archives, musée, bibliothèque, festivals*	**Archives départementales Bibliothèque centrale de prêts Schéma de développement des enseignements artistiques** *Musée départemental Actions culturelles, festivals... Aides aux communes*	**Inventaire du patrimoine.** *Musées, archives* **(prise en charge obligatoire si inclus dans le patrimoine de la collectivité : musée régional).** *Actions culturelles, aides aux communes...*
Économie, développement local	*Aides financières directes aux entreprises après accord de la région*	**Élaboration d'un programme d'aide à l'équipement rural.** *Aides financières directes aux entreprises après accord de la région*	**Schéma régional de développement économique.** *Aides financières directes aux entreprises*
Sécurité	**Sécurité des personnes et des biens (Police municipale, garde champêtre)**	**Service d'incendie et de secours (SDIS) (Délégué à l'armée à Paris, sa petite couronne et Marseille)**	

FICHE 12

Le contrôle sur la légalité

OBJECTIFS

Pour votre concours, vous devez être capable de :

- Donner une définition du type de contrôle exercé.
- Citer les principales attributions de l'organe délibérant et exécutif de chaque collectivité.
- Citer le nom des actes pris par ces organes respectifs.
- Savoir qui exerce ce contrôle.

Définition

Si, constitutionnellement, les collectivités s'administrent librement, elles doivent néanmoins respecter la réglementation en vigueur. Ce contrôle s'effectue sur la légalité de l'acte (et non sur son opportunité) et se fait *a posteriori* (après que l'acte a été pris).

Repères historiques

Avant la décentralisation de mars 1982, l'État exerçait une tutelle sur tous les services publics. Il exerçait un contrôle, via le préfet, et sur la légalité **et** l'opportunité, qui s'effectuait *a priori* (c'est-à-dire avant que les élus n'aient pu mettre en œuvre leurs choix). L'État centralisateur gardait la maîtrise des actions sur tout le territoire.

Avec la décentralisation, l'article 72 de la Constitution met en place la libre administration des collectivités territoriales. La tutelle de l'État est supprimée, il n'y a plus qu'un contrôle sur la légalité des choix et il s'effectue *a posteriori*, c'est-à-dire après que le vote de l'assemblée ou le choix de l'exécutif a eu lieu.

Procédure du contrôle

Toutes les décisions importantes prises dans les collectivités ou leurs établissements publics vont subir ce contrôle sur la légalité de leur contenu et éventuellement de leur forme.

Ainsi, pour être exécutoire - mis en œuvre - un acte doit subir deux obligations préalables :

1. **Porter l'information à la connaissance de la population**

   Pour un acte collectif, une délibération concernant des travaux sur la commune, un arrêté modifiant le stationnement, il sera **publié** pour être porté à la connaissance de la population.

   Pour un acte individuel, un arrêté de nomination d'un fonctionnaire, il sera **notifié** à l'intéressé.

2. **Porter l'information à la connaissance de l'État**

   Concrètement, deux exemplaires sont transmis au préfet dont l'un revient à la collectivité avec tampon « reçu en préfecture le... ». La collectivité a ainsi la preuve de son envoi.

Important

Dès ce moment, l'acte devient immédiatement exécutoire.

De son côté, le préfet à **deux mois** pour vérifier la légalité ou non de l'acte.

Si le préfet **estime** que l'acte est entaché d'illégalité, il tente une mesure de conciliation à l'amiable avec la collectivité, qui corrige son erreur.

Si, la mesure de conciliation échoue, le préfet défère l'acte au juge du **tribunal administratif**.

Seul le juge administratif juge un acte et a pouvoir d'annuler ou non cet acte.

En cas d'urgence, le préfet peut demander au juge de prendre une mesure de **suspension** de l'acte. Suspendre un acte ne veut pas dire l'annuler. L'acte est suspendu quant à son exécution (le maire ne peut le mettre en œuvre) mais il existe toujours. Dans ce cas, le juge n'attendra pas pour se saisir du dossier et rendra rapidement son jugement.

Cinq types de contrôles s'exercent

Le contrôle administratif

C'est le contrôle de l'État sur les actes pris par les collectivités ou leurs établissements publics. Il est effectué par le préfet.

Le contrôle des citoyens

Chaque citoyen peut demander au préfet de saisir le juge lorsqu'il estime qui est lésé par l'application ou la non-application d'un acte. Il peut aussi saisir directement le juge.

Le contrôle budgétaire et financier

Le préfet contrôle le côté administratif du budget, mais la chambre régionale des comptes vérifiera techniquement les budgets des collectivités et de leurs établissements publics.

Le contrôle en matière de police municipale

En cas de carence du maire et après mise en demeure, le préfet peut se substituer au maire en matière de sécurité, tranquillité, salubrité et bon ordre sur le territoire de la commune.

Le contrôle des élus

À chaque élection, par leur bulletin de vote les citoyens expriment leur adhésion ou désapprobation de la politique locale.
Ce contrôle peut aussi prendre la forme d'une dissolution de l'organe délibérant par décret en conseil des ministres pour impossibilité d'exercice de ses attributions (cas de dissensions graves au sein du conseil).

Synthèse de la procédure de contrôle

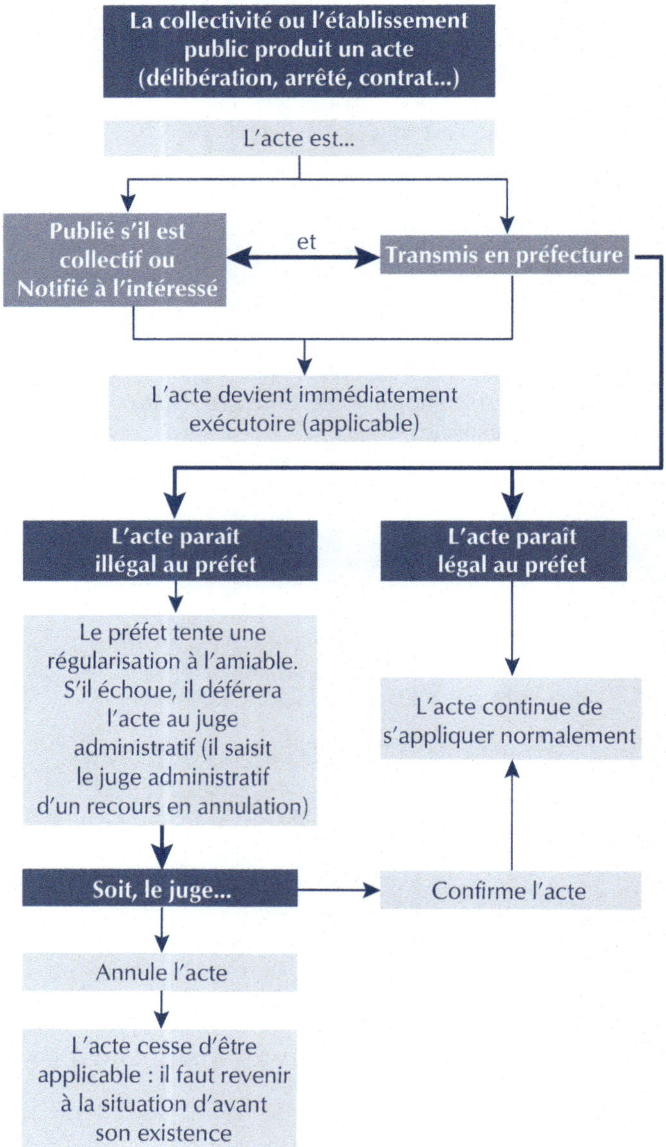

Les collectivités produisent près de 6 millions d'actes par an.
Mais il n'y a qu'environ 2000 recours au tribunal administratif dans le cadre du contrôle sur la légalité : soit 4 pour 10000.

FICHE 13

Les réformes des collectivités

OBJECTIFS

Pour votre concours, vous devez être capable de :

- Donner quelques indications sur les nouveaux conseillers départementaux.
- Donner quelques exemples de nouvelles structures intercommunales.
- Citer les possibles fusions de collectivités autorisées par la loi.

Définition

Moderniser l'action publique, clarifier les responsabilités entre l'État et les collectivités locales, et entre les collectivités elles-mêmes, pour une action publique simplifiée, plus proche des citoyens, plus efficace et moins coûteuse.

Les 3 volets de l'Acte III de la décentralisation

Volet 1	Volet 2	Volet 3
Adapter les compétences des collectivités à la diversité des territoires. Création des métropoles.	Régions chefs de file pour l'activité économique, l'aide aux entreprises, la formation professionnelle, etc. Départements : chefs de file pour l'égalité des territoires.	Transition écologique et énergétique. Renforcement de la démocratie locale.

Collectivités territoriales

La loi du 16 décembre 2010

1. **Suppression de la clause générale de compétence pour les départements et les régions** qui ne pourront plus assurer que les missions attribuées par les lois. Toutes les missions facultatives devront soit être supprimées, soit maintenues après demande motivée et accord du Préfet, donc de l'État.
2. **Création de « communes nouvelles »**, nées de la fusion des communes existantes en une commune unique sur un territoire plus grand. Si les anciennes communes appartiennent à un même établissement public de coopération intercommunale à fiscalité propre, la commune nouvelle se substitue à celui-ci.
3. **Regroupement et modification des limites territoriales** des territoires de départements ou de régions, sur délibérations concordantes de leurs assemblées délibérantes respectives. Sont donc possible la fusion de deux départements, de deux régions, le transfert d'un département d'une région à une autre et la fusion d'une région avec les départements qui la composent.

Attention

Ces derniers changements doivent faire l'objet d'un référendum local qui doit recueillir, dans chacune des collectivités concernées, l'accord de la majorité absolue des suffrages exprimés, correspondant à un nombre de voix au moins égal au quart des électeurs inscrits.

La loi du 17 mai 2013

Relative à l'élection des conseillers départementaux, des conseillers municipaux et des conseillers communautaires.

1. Remplacement des conseils généraux et conseillers généraux par les conseils départementaux et les conseillers départementaux.
2. Instauration du nouveau système d'élection des conseillers départementaux par binôme homme-femme sur chaque canton (voir «Fiche 9»).
3. Nouvelles dispositions relatives à l'élection des conseillers municipaux, des conseillers communautaires et des membres du conseil de Paris.
   - Nombre minimum de conseillers municipaux passé de 9 à 7.
   - Seuil d'élection des conseillers municipaux au scrutin mixte abaissé des communes de 3 500 habitants à celles de 1 000 habitants.

– Mise en place des élections des conseillers communautaires (représentant les communes de 1 000 habitants et plus au sein des communautés de communes, communautés d'agglomération, communautés urbaines et métropoles) en même temps que les conseillers municipaux et figurant sur la liste des candidats au conseil municipal.

La loi du 27 janvier 2014 dite loi MAPTAM

MAPTAM est l'abréviation de « Modernisation de l'Action Publique Territoriale et d'Affirmation des Métropoles :

1. Rétablissement de la clause générale de compétence des départements et des régions qui avait été supprimée par la loi du 16 décembre 2010.
2. Création de collectivité territoriale « chef de file ». Les régions pour l'aménagement et le développement durable, le développement économique, l'enseignement supérieur et la recherche..., les départements pour toutes les mesures sociales et de solidarité... ; les communes pour les services de proximité, le développement durable...
3. Création des métropoles : établissement public de coopération intercommunale (EPCI) à fiscalité propre regroupant plusieurs communes d'un seul tenant et sans enclave. Exception pour la métropole de Lyon qui se constitue en collectivité territoriale.

La loi du 16 janvier 2015

1. Création de 13 régions métropolitaines au lieu des 22 existantes à compter du 1er janvier 2016.
2. Mise en place des premières élections binominales départementales les 22 et 29 mars 2015.
3. Report de l'élection des nouveaux conseils régionaux au mois de décembre 2015.

La loi du 7 août 2015 dite loi NOTRe

La loi sur la nouvelle organisation territoriale de la République (NOTRe). Elle a pour objet de proposer une nouvelle organisation territoriale de la République en substituant à la clause de compétence générale « des compétences précises confiées par la loi à un niveau de collectivité ». La clause générale de compétence est supprimée aux départements et aux régions sauf en matière de tourisme, culture et sport. Cette loi prévoit la création d'une collectivité unique « collectivité de Corse » au 1er janvier 2018, en lieu et place de l'actuelle collectivité territoriale et de ses deux départements.

Les principales mesures de la loi NOTRe :

Définition des compétences de la région	Rationalisation de l'organisation territoriale	Solidarité et l'égalité des territoires
Logement et habitat, politique de la ville, aides aux entreprises, transports, gestion de la voirie départementale, collèges, chef de file en matière de tourisme, mise en place d'un plan régional de prévention et de gestion des déchets et d'un schéma régional d'aménagement et de développement durable du territoire.	Nouvelle orientation de la carte intercommunale, renforcement du bloc des compétences obligatoires des communautés de communes.	Compétence principale du département en matière de solidarité sociale et territorial, compétence partagée pour les domaines de la culture, du sport et du tourisme avec la création de guichets uniques.

FICHE 14

Les finances publiques locales

OBJECTIFS

Pour votre concours, vous devez être capable de :

- Citer la période de vote du budget primitif.
- Nommer qui prépare et présente le budget.
- Énoncer les principes budgétaires.
- Citer les principales ressources des collectivités et les principaux postes de dépenses.
- Distinguer dépenses de fonctionnement et d'investissement.

Le budget

Le budget traduit en termes financiers les choix politiques de chaque collectivité. Cependant, le choix n'est pas totalement libre puisque les collectivités ont des missions obligatoires. Leur budget doit donc contenir en priorité les dépenses correspondant à ces missions.

Le budget est :

Un acte politique	Un acte d'autorisation
Dans le sens où il traduit financièrement les choix des élus de la collectivité.	La collectivité est ainsi autorisée à lever l'impôt, encaisser les recettes et dépenser cet argent pour la mise en œuvre des services à la population.

Un acte de prévision	Un acte administratif
Un budget a un caractère estimatif, il doit donc être le plus sincère possible dans son élaboration.	Il obéit donc aux règles des actes administratifs : publication et transmission au préfet et à la chambre régionale des comptes pour contrôle.

Les principes budgétaires

Le budget doit obéir à quelques principes :

L'annualité	Il est voté pour une année civile. Les crédits non utilisés seront reportés sur l'année suivante.
L'unité	Ce doit être un document unique. Même plan comptable pour toutes les communes de France (M14), pour tous les départements (M52) et pour toutes les régions (M71).
L'universalité	Principe de non-compensation, il n'est pas possible de lier une recette à une dépense. En quelque sorte, un pot commun des recettes et un pot commun des dépenses.
L'antériorité	L'encaissement des recettes et la dépense ne peuvent intervenir que lorsque les choix budgétaires des élus ont été votés. Exception en début d'année, dans l'attente du vote par l'assemblée, pour les dépenses de fonctionnement permettant le fonctionnement des services, les allocations aux usagers...
L'équilibre	Le budget doit prévoir un équilibre entre les recettes et les dépenses, tant dans la section fonctionnement que dans la section investissement, contrairement au budget de l'État qui peut être voté en déséquilibre (déficit).
La sincérité	Le budget primitif doit être voté en étant les plus près possible des recettes envisageables et des dépenses envisagées (Ne pas y mettre une dotation que l'on aimerait bien que l'État nous verse !).

Organisation du budget

Le budget se présente en deux sections

Chacune de ces sections comprend une partie recette et une partie dépense. L'équilibre doit se faire dans chaque section entre les dépenses et les recettes. Une dépense ne peut être engagée que dans la limite du crédit ouvert au budget correspondant à la nature de cette dépense.

- ***La section fonctionnement***

Elle comprend tout ce qui permet de faire fonctionner les services : charges de gestion courante, paye et charges sociales de personnel, dotations aux amortissements, allocations aux usagers, intérêts de la dette...

- ***La section investissement***

Elle comprend tout ce qui constitue ou valorise le patrimoine de la collectivité : bâtiments, routes, réseaux, machines, véhicules...

Les ressources et les dépenses par section

Les ressources des collectivités

Ressources de fonctionnement	Ressources d'investissement
Essentiellement fiscales : impôts locaux, taxes, mais aussi dotations de l'État (DGF et DGD), participation des usagers à l'utilisation du service ou participations d'autres collectivités territoriales…	Dotations de l'État, autofinancement (sorte « d'épargne » qui ne fait pas appel au financement extérieur) et emprunt.

Les dépenses des collectivités

Dépenses de fonctionnement	Dépenses d'investissement
Les frais engendrés par l'exécution des compétences obligatoires : prestations aux usagers, consommables, entretien espaces verts, personnel et charges sociales, fluides, énergie…	Les dépenses liées à l'entretien de la voirie, des réseaux, la construction et l'entretien des bâtiments, l'achat de véhicules, le remboursement du capital de la dette…

Les documents budgétaires

Si le budget est unique pour une année civile, il peut s'adapter dans sa présentation et sa répartition au fur et à mesure de l'année pour refléter la réalité de son exécution. Il existe 4 documents correspondants aux 4 étapes de l'exécution budgétaire.

Les différents documents budgétaires

L'ordonnateur (l'exécutif) élabore et fait voter par le conseil :

Le budget prévisionnel (BP)

Il prévoit toutes les recettes et toutes les dépenses pour l'année à venir. Il doit être le plus sincère possible. Il est voté au plus tard le 15 avril de l'année (le 30 avril les années électorales territoriales).

Le compte administratif (CA)

C'est le bilan de l'année précédente. Il est le reflet des recettes réellement encaissées et des dépenses réellement mandatées au cours de l'année précédente. Voté au plus tard le 30 juin.

Le budget supplémentaire (BS)

Le BS reprend le BP, et y ajoute les crédits ou y retranche les déficits de l'année précédente (apparus sur le CA) pour construire un nouveau budget en équilibre pour la suite de l'année.

Les éventuelles modifications administratives (DM)

L'adaptation aux besoins qui évoluent au cours de l'année, nécessite souvent de modifier le budget en cours afin de garder l'équilibre des comptes jusqu'au bout de l'année.

Le comptable du trésor élabore :

Le compte de gestion (CG)

C'est le document budgétaire établi par le comptable du Trésor, la banque des collectivités étant le Trésor public. Il y inscrit toutes les dépenses et les recettes qu'il effectue sur le compte bancaire de la collectivité ou de l'établissement public local, OPH, CCAS, EPCI...

L'exécution budgétaire

C'est la mise en œuvre du budget qui a été préalablement voté à la majorité des membres du conseil municipal, communautaire, départemental ou régional.

L'exécution du budget

Exécuter, c'est payer les factures des fournisseurs, verser les prestations sociales, encaisser les dotations de l'État, la participation des usagers, les impôts et taxes diverses...

La séparation de l'ordonnateur et du comptable

C'est un principe fondamental établi pour tous les budgets publics. Celui qui décide de l'utilisation des crédits et celui qui réalise effectivement les mouvements de caisse doivent être différents. **Celui qui ordonne ne peut être celui qui manie les fonds.** C'est une garantie essentielle de la légalité et du bon usage des fonds publics.

L'ordonnateur	Le comptable
C'est l'exécutif, ou par délégation l'un de ses adjoints ou vice-présidents, qui a le pouvoir d'engager et d'ordonner les dépenses et mettre en recouvrement les recettes prévues au budget (préalablement voté par le conseil). Hormis les éventuelles régies, il n'y a matériellement pas d'argent dans les collectivités.	C'est le comptable public, agent de l'État, sous l'autorité du ministère des Finances, qui est seul habilité à encaisser ou à décaisser l'argent de la commune. Il contrôle et effectue les opérations d'encaissement et de décaissement du compte bancaire de la collectivité. Il est le seul à détenir et manier des fonds publics. Le comptable public est intégralement et personnellement responsable de sa gestion. Il en est responsable sur ses biens propres.

Le contrôle du budget

Le préfet et, à sa demande, la chambre régionale des comptes vérifient la sincérité et le bon suivi des comptes de chaque collectivité et de chaque établissement public local.

Les chambres régionales des comptes participent aux procédures de contrôle budgétaire en proposant au préfet les solutions à mettre en œuvre dans les cas suivants : budget non voté dans les délais légaux, budget voté en déséquilibre, compte administratif fortement déficitaire, insuffisance d'inscription des crédits nécessaires au règlement d'une dépense obligatoire, ou encore rejet du compte administratif (code général des collectivités territoriales, articles L. 1612-27 et suivants).

Périodes de l'exécution du budget de l'année N

Janvier à avril	Mai à juin	Juin à août	Octobre à décembre
Budget primitif	**Compte administratif**	**Budget supplémentaire**	**Décision modificative**
Voté avant 15 avril. (le 30 avril les années électorales).	Est la réalité des comptes de l'année précédente.	Création du BS en intégrant les résultats du CA de l'année précédente au BP. Il est voté à mi-année.	Votée en fin d'année pour rééquilibrer le budget en fonction des besoins en fin d'année.
BP année N	CA de l'année N−1	**BS N = BP N + résultat du CA N−1** Si CA N−1 positif, on ajoute au BP N le montant excédentaire. Si CA N−1 négatif, on enlève du BP N le montant déficitaire. Ainsi les comptes de la collectivité se trouvent rééquilibrés.	La DM de l'année N ne reprend que les lignes budgétaires qui ont besoin d'être modifiées : diminuer un montant voté sur une ligne pour l'affecter à une autre ligne budgétaire qui s'avère, elle, insuffisante pour finir l'année.

ENTRAÎNEMENT

Les collectivités territoriales

QCM

1 Les collectivités territoriales énumérées à l'art. 72 de la Constitution sont :

- ❑ **a.** La région, le département et la commune
- ❑ **b.** Le conseil municipal, le conseil départemental et le conseil régional
- ❑ **c.** La région, le département, la commune et les établissements publics de coopération intercommunale
- ❑ **d.** Uniquement le département et la commune

2 Le conseil municipal :

- ❑ **a.** Est présidé par le maire
- ❑ **b.** Peut être dissous par arrêté du maire
- ❑ **c.** Peut décider de la création d'une école maternelle
- ❑ **d.** Examine et adopte le budget communal

3 Les collectivités territoriales sont dotées :

- ❑ **a.** D'une assemblée délibérante
- ❑ **b.** D'une assemblée élue au suffrage universel indirect
- ❑ **c.** D'un organe exécutif élu au suffrage universel direct
- ❑ **d.** D'un organe exécutif élu au suffrage universel indirect

4 Le conseil municipal est :

- ❑ **a.** L'organe exécutif de la commune, élu par les conseillers municipaux
- ❑ **b.** L'assemblée délibérante de la commune, élue au suffrage universel direct
- ❑ **c.** Exclusivement formé du maire et de ses adjoints

5 Les adjoints au maire sont :

- ❑ **a.** Nommés par le maire
- ❑ **b.** Élus par le conseil municipal
- ❑ **c.** Élus par les habitants de la commune

6 L'organe exécutif de la commune est :

- ❑ **a.** Le conseil municipal
- ❑ **b.** Le conseil municipal et le maire
- ❑ **c.** Le maire et ses adjoints
- ❑ **d.** Le maire

7 Cochez la (les) bonne(s) affirmation(s) :

- ❑ **a.** Les conseillers départementaux sont élus pour six ans
- ❑ **b.** Les conseillers régionaux sont élus pour trois ans
- ❑ **c.** Le maire est élu pour six ans
- ❑ **d.** Le maire est élu pour cinq ans
- ❑ **e.** Le président du conseil départemental est élu pour trois ans
- ❑ **f.** Le président du conseil régional est élu pour trois ans

8 La libre administration des collectivités territoriales, inscrite dans la Constitution :

- ❑ **a.** Signifie que la collectivité peut intervenir également dans les domaines de la loi, de la justice ou de la diplomatie
- ❑ **b.** Signifie que la collectivité s'administre librement par ses conseils élus
- ❑ **c.** Est une des libertés fondamentales dans l'exercice du pouvoir local
- ❑ **d.** Permet l'existence d'un pouvoir réglementaire limité à l'exercice des compétences de la collectivité

9 Quelle différence y a-t-il entre « collectivité locale » et « collectivité territoriale » ?

- ❑ **a.** Une collectivité locale a moins de pouvoirs
- ❑ **b.** Aucune, les deux expressions sont utilisées indifféremment
- ❑ **c.** Une collectivité locale est dirigée par une seule personne
- ❑ **d.** L'expression « collectivité locale » était utilisée avant la loi de décentralisation de 1982.

10 Quel le plus ancien échelon local créé dans l'organisation territoriale de la France ?

- ❑ **a.** Les communes
- ❑ **b.** Les départements
- ❑ **c.** Les régions
- ❑ **d.** Les EPCI

11 Combien existe-t-il de niveau de collectivités territoriales en France aujourd'hui ?

- ❑ **a.** 5
- ❑ **b.** 3
- ❑ **c.** 11
- ❑ **d.** 4

12 Laquelle (lesquelles) de ces collectivités a (ont) un statut particulier ?

❑ **a.** Paris et Marseille
❑ **b.** La Corse
❑ **c.** Strasbourg
❑ **d.** Lille, Roubaix et Tourcoing
❑ **e.** La métropole de Lyon

13 Quand la collectivité territoriale Corse est-elle devenue une collectivité unique ?

❑ **a.** Le 2 mars 1982
❑ **b.** Le 1er janvier 2017
❑ **c.** Le 1er janvier 2018
❑ **d.** Le 4 juillet 2016

Vrai-Faux

14 Les collectivités territoriales sont les communes, les cantons, les départements et les régions. ❑ **Vrai** ❑ **Faux**

15 Une collectivité territoriale ne possède pas la personnalité juridique. ❑ **Vrai** ❑ **Faux**

16 Une collectivité territoriale possède toujours deux organes, un organe exécutif et un organe délibérant. ❑ **Vrai** ❑ **Faux**

17 Dans un département, l'exécutif est le président du conseil départemental. ❑ **Vrai** ❑ **Faux**

18 Le préfet est l'exécutif de la collectivité territoriale département. ❑ **Vrai** ❑ **Faux**

19 Les TOM, territoires d'outre-mer, ne sont pas des collectivités territoriales comme les communes, départements et régions. ❑ **Vrai** ❑ **Faux**

CORRIGÉS

Les collectivités territoriales

QCM

1. Réponse a.

2. Réponses a, c et d.

3. Réponse b. a et d. Les conseils sont élus au suffrage universel direct, directement par les citoyens. Les exécutifs (maire, président du conseil départemental ou régional) sont élus par les conseils et non par les citoyens, suffrage universel indirect.

4. Réponse b.

5. Réponse b. Les adjoints au maire sont élus par les conseillers municipaux à la suite du maire, lors de la première réunion du conseil municipal après les élections.

6. Réponse d. Il est assisté de ses adjoints.

7. Réponses a et c. Les conseillers régionaux et les présidents des conseils régionaux et départementaux sont élus pour six ans, comme le maire et les conseillers départementaux.

8. Réponses b, c et d. La libre administration des collectivités territoriales est un principe consacré par la Constitution (art. 72 al. 3) : « Dans les conditions prévues par la loi, ces collectivités s'administrent librement par des conseils élus et disposent d'un pouvoir réglementaire pour l'exercice de leurs compétences. »

9. Réponse d.

10. Réponse a. Par la loi du 14 décembre 1789.

11. Réponse b. La commune, le département et la région.

12. Réponses a, b et e.

13. Réponse c. Une collectivité unique, en lieu et place des deux départements Haute-Corse et Corse-du-Sud, et l'Assemblée de Corse ont été créées par la loi du 7 août 2015.

Vrai-Faux

14. Faux. Le canton n'est qu'un découpage de territoire qui permet l'élection du conseiller départemental. Ce n'est pas une collectivité territoriale.

15. Faux. Le fait de posséder la personnalité juridique en fait une personne autonome et responsable de ses actes devant la société. Exemple : Une commune fait faire des travaux routiers. Si par inadvertance des dégâts collatéraux sont constatés, c'est à la commune de réparer voire de dédommager. Si elle n'avait pas cette personnalité juridique, ce ne serait qu'un simple service administratif sous la hiérarchie de l'État.

16. Faux. La région possède en plus un organe consultatif, le conseil économique, social et environnemental.

17. Vrai.

18. Faux. Le préfet est un fonctionnaire de l'État qui, vis-à-vis des collectivités territoriales, n'a plus qu'un regard sur le contrôle de ce que font ces collectivités. Il vérifie simplement que les décisions qu'elles prennent librement sont légales.

19. Vrai. La législation qui s'applique sur les TOM présente des particularités souvent très différentes des collectivités de la France métropole et de ses DOM.

ENTRAÎNEMENT

La commune

QCM

1 Le maire est élu :

- ❑ **a.** Au suffrage universel direct
- ❑ **b.** Par les conseillers municipaux
- ❑ **c.** Par les « grands électeurs »
- ❑ **d.** Par les adjoints au maire

2 La tenue des listes électorales et l'organisation des élections relèvent de la compétence :

- ❑ **a.** De la commune
- ❑ **b.** Du département
- ❑ **c.** De la région
- ❑ **d.** Du préfet

3 Quelles sont les affirmations exactes :

- ❑ **a.** L'organe exécutif prend des arrêtés
- ❑ **b.** L'organe exécutif prend des délibérations
- ❑ **c.** L'organe délibérant prend des ordonnances
- ❑ **d.** L'organe délibérant vote des délibérations
- ❑ **e.** L'organe exécutif de la commune peut voter des arrêtés

4 Une délibération :

- ❑ **a.** Est une décision devant être soumise à l'avis de l'organe délibérant
- ❑ **b.** Est une décision adoptée par l'organe délibérant d'une collectivité territoriale
- ❑ **c.** Est une décision adoptée par délibération des citoyens de la collectivité

5 Le maire est :

- ❑ **a.** Un conseiller municipal élu maire par ses pairs
- ❑ **b.** Élu pour 3 ans
- ❑ **c.** Élu pour 6 ans
- ❑ **d.** Un adjoint au maire nommé maire par ses pairs
- ❑ **e.** L'organe délibérant de la commune

6 Les conseillers municipaux ne sont pas élus, quel que soit le nombre d'habitants de la commune :

- ❑ **a.** Au suffrage universel direct
- ❑ **b.** Au suffrage universel indirect
- ❑ **c.** Au scrutin proportionnel
- ❑ **d.** Au suffrage uninominal à trois tours

7 Sous l'autorité du préfet, il organise les élections, publie et exécute les textes officiels, participe au recensement de la population. C'est :

- ❑ **a.** Le procureur de la République
- ❑ **b.** Le président du tribunal de grande instance
- ❑ **c.** Le maire
- ❑ **d.** Le commissaire de police
- ❑ **e.** Le président du conseil régional

8 En sa qualité d'agent déconcentré de l'État, le maire est :

- ❑ **a.** Officier d'état civil
- ❑ **b.** Officier de la légion d'honneur
- ❑ **c.** Officier de police judiciaire

9 Cochez la (les) bonnes(s) affirmations :

- ❑ **a.** Les compétences des communes diffèrent selon leur taille
- ❑ **b.** Les compétences des communes sont identiques quelle que soit leur taille
- ❑ **c.** La France compte environ 16 500 communes
- ❑ **d.** La France compte environ 35 000 communes

10 Par arrêté, le maire peut, dans sa commune et sous certaines conditions :

- ❑ **a.** Instaurer un couvre-feu pour les mineurs de moins de treize ans après 23 heures
- ❑ **b.** Interdire les actes de mendicité
- ❑ **c.** Sanctionner un professeur des écoles en cas de faute professionnelle
- ❑ **d.** Réglementer le stationnement des véhicules

11 Les compétences du maire en tant que représentant de l'État recouvrent notamment :

- ❑ **a.** Les fonctions d'état civil
- ❑ **b.** Les fonctions électorales

- ❑ **c.** Les fonctions d'aide sociale à l'enfance
- ❑ **d.** Les fonctions d'entretien et de gestion des équipements sportifs

12 Le nombre de conseillers municipaux
- ❑ **a.** Varie en fonction du nombre d'habitants de la commune
- ❑ **b.** Est fixé par le maire
- ❑ **c.** Est le même pour toutes les communes
- ❑ **d.** Varie en fonction du budget de la commune

13 Le conseil municipal se réunit :
- ❑ **a.** Au moins une fois par mois
- ❑ **b.** Au moins une fois par trimestre
- ❑ **c.** Dès qu'une affaire requiert une délibération
- ❑ **d.** Sur convocation du maire

14 Le maire n'est pas :
- ❑ **a.** Élu directement par les électeurs de la commune
- ❑ **b.** Élu pour 6 ans
- ❑ **c.** Nommé par le préfet
- ❑ **d.** Élu par les conseillers municipaux
- ❑ **e.** Nommé par décret en conseil d'État

15 On parle souvent de la « double casquette » du maire. Cela signifie :
- ❑ **a.** Que le maire est à la fois un élu et un fonctionnaire de l'État
- ❑ **b.** Que le maire est à la fois représentant de l'État dans la commune et organe exécutif de la commune
- ❑ **c.** Que le maire, une fois élu, doit passer un concours pour devenir agent de l'État
- ❑ **d.** Que le maire est à la fois le représentant de l'État et le représentant du département dans la commune

16 Le conseil municipal :
- ❑ **a.** N'exerce ses compétences que par délégation de l'État
- ❑ **b.** Règle, par ses délibérations, les affaires de la commune
- ❑ **c.** Est l'exécutif de la commune
- ❑ **d.** Crée et supprime des emplois communaux
- ❑ **e.** Nomme aux emplois communaux

17 Le maire :
- ❑ **a.** Peut recevoir délégation des maires-adjoints
- ❑ **b.** Peut recevoir délégation du conseil municipal
- ❑ **c.** Peut être en même temps président d'un conseil départemental ou président d'un conseil régional
- ❑ **d.** Peut déléguer des pouvoirs à des maires-adjoints

18 Quel est le représentant de l'État dans la commune ?
- ❑ **a.** Le président du conseil départemental
- ❑ **b.** Le préfet
- ❑ **c.** Le ministre
- ❑ **d.** Le maire
- ❑ **e.** Le procureur de la République

19 Lorsque le maire exécute une délibération, cela signifie :
- ❑ **a.** Qu'il supprime la délibération du conseil municipal qu'il estime inappropriée
- ❑ **b.** Qu'il met en œuvre ou fait mettre en œuvre par les services municipaux, les décisions qui ont été votées à la majorité des conseillers municipaux
- ❑ **c.** Qu'il reprend la délibération pour la compléter ou la modifier en accord avec les adjoints au maire

20 En matière de pouvoirs de police, le maire est compétent dans les domaines suivants :
- ❑ **a.** Imposer la réparation voire la démolition des immeubles menaçant ruine
- ❑ **b.** Prendre des arrêtés sur le stationnement ou le sens de circulation sur les routes municipales, départementales ou nationales sur tout le territoire de la commune
- ❑ **c.** Prendre un arrêté visant à interdire la circulation nocturne des mineurs de moins de 13 ans
- ❑ **d.** Interdire le raccordement aux réseaux publics (eau, gaz, électricité...) des habitations construites sans permis de construire

Vrai-Faux

21 Le maire est élu par les habitants de la commune. ❑ **Vrai** ❑ **Faux**

22 Les adjoints au maire sont désignés et nommés par le maire. ❑ **Vrai** ❑ **Faux**

23 On ne peut pas être membre de deux conseils municipaux. ❑ Vrai ❑ Faux

24 Le nombre de conseillers municipaux varie en fonction du budget de la commune. ❑ Vrai ❑ Faux

25 Le maire décide du nombre d'adjoints qui seront nommés dans la commune. ❑ Vrai ❑ Faux

26 C'est le maire qui nomme les adjoints au maire. ❑ Vrai ❑ Faux

27 Il y a environ 35 000 communes en France. ❑ Vrai ❑ Faux

28 Le maire est responsable : du bon ordre, de la sécurité, de la tranquillité et de la justice sur le territoire de la commune. ❑ Vrai ❑ Faux

29 Le commissaire de la police municipale décide d'armer ou non ses agents de police. ❑ Vrai ❑ Faux

30 Le maire est un fonctionnaire, chef du personnel municipal. ❑ Vrai ❑ Faux

31 Le conseil municipal est élu par un scrutin de liste. ❑ Vrai ❑ Faux

32 Pour voter l'année prochaine, il faut être inscrit sur les listes électorales au plus tard le 31 décembre de cette année. ❑ Vrai ❑ Faux

33 Le maire n'est pas autorisé à se mettre en grève. ❑ Vrai ❑ Faux

34 La parité aux élections municipales veut dire que les candidats doivent se présenter par paires. ❑ Vrai ❑ Faux

35 Les séances du conseil municipal sont publiques. ❑ Vrai ❑ Faux

36 Le conseil municipal doit se réunir au moins une fois par mois. ❑ Vrai ❑ Faux

37 Un agent de la commune peut se présenter aux élections municipales de la commune. ❑ Vrai ❑ Faux

38 Pour être maire, il faut avoir au minimum 21 ans. ❑ Vrai ❑ Faux

39 Lors de l'élection du maire, en cas d'égalité de voix entre deux candidats, sera élu le plus âgé. ❑ Vrai ❑ Faux

40 Le maire est officier de police judiciaire. ❑ Vrai ❑ Faux

41 En cas d'absence du maire, c'est le doyen d'âge du conseil qui le remplace. ❑ Vrai ❑ Faux

42 Le nombre de conseillers municipaux varie en fonction du nombre d'habitants de la commune. ❑ Vrai ❑ Faux

43 Le conseil municipal peut révoquer le maire. ❑ Vrai ❑ Faux

44 Comme le président de la République avec l'Assemblée nationale, le maire peut dissoudre le conseil municipal. ❑ Vrai ❑ Faux

45 La convocation du conseil municipal est un pouvoir propre du maire. ❑ Vrai ❑ Faux

46 Un ressortissant d'un pays membre de l'Union européenne peut être maire. ❑ Vrai ❑ Faux

47 En qualité d'officier d'état civil et officier de police judiciaire, le maire est placé sous l'autorité du ministre de l'Intérieur. ❑ Vrai ❑ Faux

48 En qualité d'officier de police administrative, le maire est placé sous l'autorité du préfet. ❑ Vrai ❑ Faux

CORRIGÉS

La commune

QCM

1. **Réponse b.** Rappel, le maire n'est pas élu par la population mais bien par les conseillers municipaux.

   Lors de leur première réunion, c'est le plus âgé du conseil qui préside la séance jusqu'à ce que les votes des conseillers désignent officiellement le maire. Il sera élu au scrutin uninominal, indirect, majoritaire. Si dès le premier tour, un candidat obtient la majorité absolue des voix, il sera élu maire. En revanche, si personne n'obtient cette majorité des voix, il pourra être procédé à un deuxième tour, puis éventuellement à un troisième tour. Dans ce troisième cas, la majorité relative sera suffisante pour élire le maire. Ce sera celui qui a obtenu le plus de voix, même si cela ne représente pas la moitié des suffrages.

2. **Réponse a.**

3. **Réponses a et d.** On prend un arrêté et on vote une délibération. Ce sont deux actes administratifs qui engagent la collectivité.

4. **Réponse b.** Elle est l'écrit qui reflète les décisions qui ont été prises à la majorité des membres du conseil. Il y est aussi précisé combien de conseillers ont voté pour, combien contre et combien se seraient abstenus.

5. **Réponses a et c.** Le conseil municipal est élu sur une liste pour six ans, le maire est donc élu pour la même durée que son équipe dont il est issu. Mais, l'organe délibérant est le conseil. Rappel mnémotechnique : l'organe délibérant délibère (discute et vote) et prend des délibérations (les écrits reflets de ses décisions).

6. **Réponses b, c et d.** Attention, il y a parfois des questions à la forme négative : les conseillers qui **ne sont pas** élus...

7. **Réponse c.** Le maire mais avec sa casquette de représentant local de l'État, sous la hiérarchie du préfet.

8. **Réponses a et c.**

9. Réponses b et d. Au 1er janvier 2021 il y a 34836 communes en France métropolitaine et 129 communes dans les DOM, soit 34965 DOM inclus, bien que les communes des TOM ne soient pas soumises exactement aux mêmes règles.

10. Réponses a, b et d. Pour ce qui concerne les professeurs des écoles, ce sont des fonctionnaires de l'État qui ont leur propre hiérarchie, l'inspection l'académique, le rectorat et le ministère de l'Éducation nationale.

11. Réponses a et b. L'aide sociale à l'enfance est une compétence des présidents des conseils départementaux. L'entretien et la gestion des équipements sportifs municipaux sont bien une compétence du maire mais avec sa casquette l'élu local et non de représentant de l'État sous la hiérarchie du préfet.

12. Réponse a. La loi établie un tableau de correspondance entre le nombre d'habitants et le nombre possible de conseillers municipaux. Il varie de 7 pour les petits villages à 163 pour Paris.

13. Réponses b et d. La convocation du conseil est un pouvoir propre de l'exécutif.

14. Réponses a, c et e.

15. Réponse b.

16. Réponses b et d. La libre administration des collectivités territoriales s'exerce dans le transfert de pouvoir et non dans la délégation. Si le conseil crée les services et les emplois, en aucun cas il ne peut nommer les agents sur les postes. C'est un pouvoir exclusif de l'exécutif.

17. Réponses b et d. Il peut recevoir du conseil municipal pour, par exemple, l'affectation des propriétés communales ou la réalisation des emprunts... Dans ce cas, le maire doit en rendre compte à chacune des réunions obligatoires du conseil municipal. Le maire est seul chargé de l'administration, mais il peut, sous sa surveillance et sa responsabilité, déléguer par arrêté une partie de ses fonctions à un ou plusieurs de ses adjoints.

18. Réponse d.

19. Réponse b.

20. Réponses a, c et d. Le maire est officier de police municipale uniquement pour les routes municipales sur tout le territoire de la commune. Son pouvoir de police administrative ne s'applique, pour les routes nationales et départementales, qu'au sein de l'agglomération.

CORRIGÉS

Vrai-Faux

21. Faux. C'est le conseil municipal qui vote pour désigner, parmi ses membres, celui qui va devenir maire pour les 6 années à venir.

22. Faux. Ils sont élus par le conseil municipal à la suite de l'élection du maire.

23. Vrai. Dans la mesure où pour se faire élire, il faut être électeur sur la commune et que l'on ne peut être inscrit que sur une seule liste électorale.

24. Faux. Il dépend du nombre d'habitants et est fixé par la loi : de 7 sièges pour moins de 100 habitants à 69 sièges pour 300 000 habitants et plus.

25. Faux. Cela est décidé en conseil et leur nombre ne peut être supérieur à 30 % du nombre des conseillers municipaux.

26. Faux. Les adjoints seront élus par le conseil municipal, à la suite du maire.

27. Vrai. 35 884 au 12 janvier 2016 (source INSEE).

28. Faux. Pas de la justice. Il y a séparation des pouvoirs en France.

29. Faux. C'est le maire qui en décidera, en accord avec le Préfet. C'est lui qui porte la responsabilité de la sécurité sur le territoire de la commune.

30. Faux. C'est un élu. Toutefois, il est bien le chef du personnel municipal.

31. Vrai.

32. Vrai. Sauf pour les jeunes qui auront 18 ans entre le 1er janvier et la veille de la première élection de mars (les années où il y aurait des élections, bien sûr). Ils bénéficient d'une inscription d'office sur les listes électorales de leur commune.

33. Vrai. De plus, ce n'est pas un salarié de la commune.

34. Faux. Cela veut dire que les listes de candidature doivent présenter autant de femmes que d'hommes.

35. Vrai. Sauf dans le cas où le conseil demande exceptionnellement un huis clos.

36. Faux. Une fois par trimestre au minimum.

37. Faux. Un élu ne peut être agent de la même commune.

38. Faux. 18 ans suffisent.

39. Vrai.

40. Vrai. Sous l'autorité du procureur de la République, l'officier de police judiciaire assure des fonctions de répression, contrairement à l'officier de police administrative qui assure des fonctions de police de prévention. Le maire cumule ces deux fonctions.

41. Faux. C'est le premier maire-adjoint.

42. Vrai.

43. Faux. Si la majorité du conseil n'est pas d'accord avec les orientations proposées par le maire, cette majorité peut décider de démissionner. Dans ce cas il faudra procéder à de nouvelles élections partielles dans cette commune pour élire un nouveau conseil municipal et celui-ci choisira un nouveau maire.

44. Faux. En revanche, le conseil municipal peut être révoqué par décret en Conseil des ministres.

45. Vrai.

46. Faux. Il peut seulement être membre du conseil municipal.

47. Faux. Il est sous l'autorité du procureur de la République (pouvoir judiciaire).

48. Vrai. La police administrative est une police de prévention contrairement à la police de répression qu'est la police judiciaire.

ENTRAÎNEMENT

La coopération intercommunale

QCM

1 En France, la coopération intercommunale est mise en œuvre par :

- ❑ **a.** Des groupements d'intérêt public
- ❑ **b.** Des établissements publics
- ❑ **c.** Des contrats de partenariat
- ❑ **d.** Des délégations de service public

2 L'intercommunalité :

- ❑ **a.** Désigne différentes formes de coopération entre les communes
- ❑ **b.** Désigne la réunion de plusieurs organisations syndicales au sein d'une même collectivité territoriales
- ❑ **c.** Permet aux communes de se regrouper au sein d'un établissement public
- ❑ **d.** Permet aux communes de se regrouper à seule fin de porter une pétition auprès du préfet
- ❑ **e.** Permet aux communes de mutualiser certains services à la population

3 L'organe exécutif d'un établissement public de coopération intercommunal est :

- ❑ **a.** L'assemblée délibérante
- ❑ **b.** Les délégués de la commune
- ❑ **c.** Le président
- ❑ **d.** Les conseillers municipaux

4 Les communes regroupées en intercommunalité peuvent notamment assurer dans ce cadre :

- ❑ **a.** Le ramassage des ordures ménagères
- ❑ **b.** L'assainissement
- ❑ **c.** La construction et l'entretien des collèges publics
- ❑ **d.** Le transport urbain

5 L'organe délibérant d'un établissement public de coopération intercommunale est :
- ❑ **a.** Le conseil communautaire
- ❑ **b.** Constitué de délégués des communes adhérentes
- ❑ **c.** Le président du conseil communautaire
- ❑ **d.** Les conseillers municipaux

6 Il existe différents types de syndicats intercommunaux :
- ❑ **a.** Les communautés de communes
- ❑ **b.** Les syndicats intercommunaux à vocation unique (SIVU)
- ❑ **c.** Les syndicats intercommunaux à vocation multiple (SIVOM)
- ❑ **d.** Les communautés mixtes de communes
- ❑ **e.** Les villes nouvelles

7 Les structures intercommunales se distinguent des collectivités territoriales par :
- ❑ **a.** Leurs compétences universelles
- ❑ **b.** Leurs compétences limitées
- ❑ **c.** L'élection de leur exécutif au suffrage universel indirect

8 Une agglomération c'est :
- ❑ **a.** Le regroupement de plusieurs communes entre elles
- ❑ **b.** La fusion de plusieurs villes en une seule
- ❑ **c.** Un ensemble urbain formé d'une ville et de sa banlieue

9 Les communautés d'agglomération :
- ❑ **a.** Sont des établissements publics de coopération intercommunale (EPCI)
- ❑ **b.** Sont des collectivités territoriales
- ❑ **c.** N'exercent que des compétences facultatives
- ❑ **d.** Ont pour exécutif un président

10 La loi NOTRe impose une taille minimale aux intercommunalités de :
- ❑ **a.** 10 000 habitants
- ❑ **b.** 15 000 habitants
- ❑ **c.** 20 000 habitants

11 Quelle loi a créé la Métropole du Grand Paris ?

- ❑ **a.** La loi du 16 décembre 2010
- ❑ **b.** La loi du 27 janvier 2014
- ❑ **c.** La loi du 7 août 2015

12 Les établissements publics territoriaux du Grand Paris sont :

- ❑ **a.** Des EPCI à fiscalité propre
- ❑ **b.** Des syndicats de communes
- ❑ **c.** Des syndicats mixtes

13 Parmi ces compétences, quelle est celle qui ne relève pas de la métropole du Grand Paris ?

- ❑ **a.** L'élaboration du PLUI
- ❑ **b.** La politique de l'habitat
- ❑ **c.** L'accueil des gens du voyage

14 Parmi ces compétences, quelle est celle qui ne relève pas des EPT du Grand Paris ?

- ❑ **a.** L'élaboration du SCOT
- ❑ **b.** La politique de la ville
- ❑ **c.** Le Plan Climat-Air-Énergie

15 La métropole créée sur le territoire de la Provence se nomme :

- ❑ **a.** Marseille-Provence
- ❑ **b.** Aix-Marseille-Provence
- ❑ **c.** Provence-Méditerranée

Vrai-Faux

16 Aux prochaines élections municipales, les citoyens éliront les membres du conseil communautaire des syndicats de communes. ❑ **Vrai** ❑ **Faux**

17 Le maire représentant la commune la plus importante, n'est pas de droit président du conseil communautaire du syndicat intercommunal. ❑ **Vrai** ❑ **Faux**

18 La création d'une structure intercommunale va coûter cher à la commune. ❑ **Vrai** ❑ **Faux**

19 Une structure intercommunale peut lever l'impôt. ❑ **Vrai** ❑ **Faux**

20 La mise en place d'une coopération intercommunale va améliorer l'offre de services publics pour la population. ❑ **Vrai** ❑ **Faux**

21 Les maires sont, de droit, membres des structures intercommunales. ❑ **Vrai** ❑ **Faux**

22 Les services proposés par un établissement intercommunal sont toujours gratuits. ❑ **Vrai** ❑ **Faux**

23 L'intercommunalité, c'est plusieurs communes qui se regroupent pour mettre en œuvre un service à la population. ❑ **Vrai** ❑ **Faux**

24 Si une commune adhère à un syndicat intercommunal, elle est mise sous tutelle de l'État. ❑ **Vrai** ❑ **Faux**

25 C'est le maire représentant la commune la plus importante qui est de droit président du conseil d'administration du syndicat intercommunal. ❑ **Vrai** ❑ **Faux**

26 Le conseil communautaire prend des délibérations. ❑ **Vrai** ❑ **Faux**

27 Les communautés de communes ne sont pas des EPCI. ❑ **Vrai** ❑ **Faux**

28 Les conseils communautaires des structures intercommunales sont élus par la population. ❑ **Vrai** ❑ **Faux**

29 Le maire est de droit président du CCAS. ❑ **Vrai** ❑ **Faux**

30 La loi du 12 juillet 1999 dite « loi Chevènement » porte sur l'intercommunalité. ❑ **Vrai** ❑ **Faux**

31 La mise en œuvre de la coopération intercommunale s'effectue par la création d'établissements publics intercommunaux. ❑ **Vrai** ❑ **Faux**

32 Un SIVU peut lever l'impôt. ❑ **Vrai** ❑ **Faux**

33 La collectivité territoriale de Corse relève d'un statut particulier. ❑ **Vrai** ❑ **Faux**

CORRIGÉS

La coopération intercommunale

QCM

1. **Réponse b.** Ce sont les syndicats intercommunaux SIVU ou SIVOM et autres établissements publics comme les communautés de communes ou les communautés d'agglomération.

2. **Réponses a et e.** Ce ne sont pas les communes qui se regroupent au sein d'un établissement public, mais des services qu'elles assuraient jusqu'à présent, qu'elles vont confier à cette structure commune à plusieurs collectivités. Les communes ne disparaissent pas, mais mutualisent certains services comme l'eau, l'assainissement, la piscine intercommunale, un système de transport au sein de l'agglomération...

3. **Réponse c.** Celui-ci est élu par les membres du conseil communautaire de l'établissement public intercommunal. Les membres du conseil, les conseillers intercommunaux, ont été délégués par leur commune respective.

4. **Réponses a, b et d.** Les collèges publics sont de la compétence obligatoire de la collectivité territoriale département.

5. **Réponses a et b.** Le président est l'organe exécutif. Les conseillers municipaux représentent l'organe délibérant de la commune, pas du syndicat intercommunal.

6. **Réponses a, b et c.** Une ville nouvelle n'est pas une structure intercommunale puisqu'elle ne concerne qu'une seule ville. Les syndicats mixtes regroupent des communes avec un département ou une région ou un autre établissement public.

7. **Réponse b.** Les structures intercommunales ne possèdent pas la clause générale de compétence qui leur permettrait de prendre en charge des services à la population au-delà du transfert de compétences légal. Elles ont obligatoirement des compétences précises qui leur ont été déléguées par les communes adhérentes. L'exécutif du conseil communautaire est élu par les membres du conseil. Le conseil communautaire est constitué de délégués envoyés par chaque commune adhérente.

8. Réponse c. Ne pas confondre une ville et une agglomération. L'agglomération est l'ensemble du territoire urbanisé constitué de plusieurs villes contiguës.

9. Réponses a et d.

10. Réponse b. Exception faite pour certaines régions à très faible densité de population comme les zones de montagnes.

11. Réponse b.

12. Réponse b.

13. Réponse a.

14. Réponse a.

15. Réponse b.

Vrai-faux

16. Vrai. Mais indirectement : depuis 2014, il y a un système de fléchage aux élections municipales où le citoyen voit apparaître sur les listes municipales les candidats qui participeront aux conseils communautaires si cette liste obtient la majorité des suffrages lors de l'élection.

17. Vrai. Puisque l'exécutif est élu parmi les membres du conseil communautaire.

18. Faux. Le but est au contraire de se mutualiser pour diminuer les coûts.

19. Vrai. Pour ceux que l'on appelle à fiscalité propre.
Faux. Pour les SIVU et SIVOM.

20. Vrai. C'est l'un des buts recherchés.

21. Faux. C'est le conseil municipal de chaque commune qui décide de déléguer certains parmi eux aux conseils communautaires des structures intercommunales et autres établissements publics. Ce n'est vrai que pour le CCAS.

22. Faux. La gratuité n'est absolument pas un principe de service public.

23. Vrai.

24. Faux.

25. Faux. Le président sera élu par le conseil communautaire.

26. Vrai. Comme dans toutes les assemblées délibérantes.

27. Faux. Ce sont bien des EPCI (établissement de coopération intercommunale).

28. Faux. Mais ce sera indirectement le cas avec la mise en œuvre de la réforme des collectivités en 2014. Voir réponse du n° 1.

29. Vrai. C'est une exception pour cet établissement public obligatoire

30. Vrai. Il s'agit de la loi n° 99-586 du 12 juillet 1999 relative au renforcement et à la simplification de la coopération intercommunale, dite loi Chevènement. Jean-Pierre. Chevènement était alors ministre de l'Intérieur dans le gouvernement de Lionel Jospin.

31. Vrai.

32. Faux. Ce n'est pas une structure intercommunale à fiscalité propre, il ne peut donc lever l'impôt. Ses ressources ne proviennent que de dotations des communes adhérentes ou éventuellement d'autres collectivités comme le département, la région ou l'État.

33. Vrai.

ENTRAÎNEMENT

Le département

QCM

1 Le découpage géographique d'un département a été créé :
- ❑ **a.** En 1982, avec les lois de décentralisation
- ❑ **b.** En 1944, après la Seconde Guerre mondiale
- ❑ **c.** En 1790, après la Révolution française

2 Les conseillers départementaux sont élus pour :
- ❑ **a.** 3 ans
- ❑ **b.** 5 ans
- ❑ **c.** 6 ans

3 Les élections du conseil départemental s'appellent :
- ❑ **a.** Les élections départementales
- ❑ **b.** Les cantonales
- ❑ **c.** Les législatives

4 Les conseillers départementaux sont élus au scrutin binominal majoritaire à deux tours. Cela signifie que :
- ❑ **a.** Les électeurs votent pour une liste de deux candidats constituée au choix du parti politique d'hommes et/ou de femmes
- ❑ **b.** Les candidats se répartissent les sièges proportionnellement aux voix obtenues
- ❑ **c.** Les électeurs votent pour un candidat qui se présente individuellement
- ❑ **d.** Les partis politiques ont l'obligation de présenter une liste de deux candidats, dont un homme et une femme

5 Le président du conseil départemental est élu :
- ❑ **a.** Par les conseillers départementaux
- ❑ **b.** Directement par les électeurs du département
- ❑ **c.** Pour 3 ans

6 Le président du conseil départemental :

- ❑ **a.** Est l'exécutif du département
- ❑ **b.** Est le directeur général des services départementaux
- ❑ **c.** Est élu parmi les conseillers départementaux
- ❑ **d.** Prépare et exécute les délibérations du conseil régional

7 En France il y a :

- ❑ **a.** 95 départements
- ❑ **b.** 100 départements
- ❑ **c.** 101 départements

8 Le président du conseil départemental, en tant qu'exécutif du département, agit par :

- ❑ **a.** Lois
- ❑ **b.** Décrets
- ❑ **c.** Arrêtés
- ❑ **d.** Délibérations

9 Le département est :

- ❑ **a.** Un établissement public
- ❑ **b.** Une personne morale de droit privé
- ❑ **c.** Une collectivité territoriale
- ❑ **d.** Un syndicat intercommunal
- ❑ **e.** Une personne morale de droit public

10 L'organe exécutif du département :

- ❑ **a.** Prépare, présente et exécute le budget départemental
- ❑ **b.** Est le préfet
- ❑ **c.** Est élu au suffrage universel direct par les électeurs du département
- ❑ **d.** N'est pas élu au suffrage universel direct par les conseillers municipaux
- ❑ **e.** Est un conseiller départemental élu président du conseil départemental par ses pairs
- ❑ **f.** Est le président du conseil départemental

11 La circonscription électorale du conseiller départemental est :

❑ **a.** L'arrondissement

❑ **b.** La communauté de communes

❑ **c.** Le canton

❑ **d.** Le département

12 Les élections départementales se déroulent :

❑ **a.** Tous les 3 ans

❑ **b.** À guichet fermé

❑ **c.** Sur 3 jours

❑ **d.** Tous les 6 ans

❑ **e.** Tous les 5 ans

❑ **f.** Au suffrage universel direct

13 Lesquels de ces départements sont devenus collectivité unique, regroupant les compétences des départements et des régions ?

❑ **a.** Mayotte

❑ **b.** Guadeloupe

❑ **c.** Réunion

❑ **d.** Martinique

❑ **e.** Guyane

14 Dans un département, qui décide de la création ou de la suppression d'un service public ?

❑ **a.** Le préfet

❑ **b.** Le président du conseil départemental

❑ **c.** Le président du conseil régional puisque hiérarchiquement supérieur

❑ **d.** Le conseil départemental

❑ **e.** Le directeur général des services départementaux

Vrai-Faux

15 Si le territoire géographique du département existe depuis 1789, c'est devenu une personne juridiquement autonome depuis 1870. ❑ **Vrai** ❑ **Faux**

16 Le président du conseil départemental prend des arrêtés. ❑ **Vrai** ❑ **Faux**

17 Les élections cantonales se déroulent tous les 6 ans, comme les élections municipales. ❑ Vrai ❑ Faux

18 Le président du conseil départemental est un fonctionnaire. ❑ Vrai ❑ Faux

19 On peut être président du conseil départemental et maire. ❑ Vrai ❑ Faux

20 Le canton est une circonscription électorale. ❑ Vrai ❑ Faux

21 Le canton est une mini-collectivité territoriale. ❑ Vrai ❑ Faux

22 Le président du conseil départemental a un mandat de 3 ans. ❑ Vrai ❑ Faux

23 Le président et les vice-présidents du conseil départemental ont été élus par les conseillers départementaux. ❑ Vrai ❑ Faux

24 Un conseiller départemental a un mandat de 6 ans. ❑ Vrai ❑ Faux

25 Le conseil départemental se réunit au moins une fois par trimestre. ❑ Vrai ❑ Faux

26 Le conseil départemental ne prend pas d'arrêté. ❑ Vrai ❑ Faux

27 Le président du conseil départemental prend des circulaires pour l'entretien des collèges. ❑ Vrai ❑ Faux

28 Mayotte est devenu le 101e département lors des élections cantonales de mars 2014. ❑ Vrai ❑ Faux

29 Le conseiller départemental est hiérarchiquement supérieur à un maire. ❑ Vrai ❑ Faux

CORRIGÉS

Le département

QCM

1. **Réponse c.** Ils ont été mis en place par la Révolution française, juste après la mise en place des communes.
2. **Réponse c.**
3. **Réponse a.** Depuis les élections de 2015.
4. **Réponse d.** Élection binominale veut dire deux noms, ceux-ci doivent être obligatoirement un homme et une femme.
5. **Réponse a.** Il n'y a plus d'alternance, le président est donc désormais élu pour 6 ans comme tout conseiller départemental.
6. **Réponses a et c.** Le directeur général des services est un fonctionnaire, pas un élu local. Le président du conseil départemental prépare et exécute bien les délibérations du conseil départemental, mais pas celles du conseil régional.
7. **Réponse c.** Le 101e est Mayotte qui est arrivée lors des élections cantonales de 2011. Toutefois, Mayotte n'est pas une collectivité comme les autres, puisque c'est la première collectivité unique : à la fois département et région, une seule assemblée, une seule collectivité qui gère les affaires confiées, dans les autres départements de France, aux deux niveaux de collectivités : département et région. La Guyane et la Martinique ont suivi en mettant ce modèle de collectivité unique en place en 2016.
8. **Réponse c.** Seul le Parlement vote des lois. Seuls le président de la République et le Premier ministre prennent des décrets. Seules les assemblées délibérantes prennent des délibérations.
9. **Réponses c et e.**
10. **Réponses a, d, e et f.**
11. **Réponse c.** Le canton.

12. **Réponses d et f.** Depuis 2015, les conseillers départementaux sont élus pour 6 ans et l'assemblée est élue intégralement (plus d'alternance) pour six ans.

13. **Réponses a, d et e.**

14. **Réponses d.**

Vrai-Faux

15. **Faux.** C'est la loi de décentralisation du 2 mars 1982 qui en a fait une collectivité territoriale. Auparavant, ce n'était qu'un découpage de territoire.

16. **Vrai.**

17. **Vrai.** Depuis les élections de 2015.

18. **Faux.** C'est un élu.

19. **Faux.** Le cumul des mandats n'autorise qu'un seul mandat d'exécutif local. Cependant, on peut être maire (exécutif) et conseiller départemental ou conseiller municipal et président du conseil régional (exécutif).

20. **Vrai.** Il ne sert d'ailleurs qu'à ça.

21. **Faux.**

22. **Faux.** Depuis les élections départementales de 2015.

23. **Vrai.**

24. **Vrai.**

25. **Vrai.**

26. **Vrai.** Il prend des délibérations.

27. **Faux.** La circulaire est une note de service souvent ministérielle.

28. **Faux.** C'est devenu le 101e lors des élections cantonales de mars 2011.

29. **Faux.** Il n'y a aucun lien entre ces deux conseillers, ils œuvrent chacun dans leur propre collectivité indépendante.

ENTRAÎNEMENT

La région

QCM

1 Combien de régions compte la France métropolitaine ?

❑ **a.** 13 ❑ **b.** 18 ❑ **c.** 22

2 Le président du conseil régional est :

❑ **a.** Élu directement par les électeurs de la région

❑ **b.** Élu pour 6 ans

❑ **c.** Nommé par le préfet

❑ **d.** L'exécutif de la région

3 Les décisions du conseil régional s'appellent :

❑ **a.** Des ordonnances

❑ **b.** Des consultations

❑ **c.** Des délibérations

❑ **d.** Des décisions

❑ **e.** Des arrêtés

4 La collectivité territoriale région est dotée de trois organes :

❑ **a.** Un organe exécutif, le préfet régional

❑ **b.** Un organe délibérant, le conseil régional

❑ **c.** Un organe de contrôle, la chambre régionale des comptes

❑ **d.** Un organe consultatif, le conseil économique, social et environnemental

❑ **e.** Un organe exécutif, le président du conseil régional

❑ **f.** Un organe de conseil, la commission permanente

5 Le conseil régional :

❑ **a.** Est réélu tous les 5 ans

❑ **b.** Est réélu tous les 6 ans

❑ **c.** Est élu au scrutin majoritaire

❑ **d.** Est élu au scrutin mixte

❑ **e.** La parité sur les listes n'y est pas obligatoire

6 La collectivité territoriale région :
- ❑ **a.** Est hiérarchiquement supérieure au département
- ❑ **b.** Est sous la hiérarchie du ministre des collectivités territoriales
- ❑ **c.** Est juridiquement indépendante

7 Entourez la (ou les) réponse(s) vraie(s) :
- ❑ **a.** Le conseil municipal est l'organe exécutif de la commune
- ❑ **b.** Le conseil départemental est l'organe délibérant du département
- ❑ **c.** Le président du conseil régional est l'organe exécutif de la région
- ❑ **d.** Le maire est l'organe exécutif de la commune

8 Quel est le 3e organe qui constitue la collectivité territoriale région ?
- ❑ **a.** La chambre régionale des comptes
- ❑ **b.** Le conseil économique, social et environnemental
- ❑ **c.** Le centre hospitalier régional

9 Pour être élu au conseil régional il faut avoir :
❑ **a.** 18 ans ❑ **b.** 21 ans ❑ **c.** 35 ans

10 Élire les conseillers régionaux au scrutin mixte veut dire :
- ❑ **a.** Qu'il doit y avoir autant d'hommes que de femmes sur les listes électorales
- ❑ **b.** Qu'il doit y avoir autant d'hommes que de femmes parmi les conseillers régionaux
- ❑ **c.** La moitié des sièges est donnée à la liste qui a obtenu la majorité des sièges, l'autre moitié est répartie proportionnellement entre les autres listes
- ❑ **d.** Un quart des sièges est donné à la liste qui a obtenu la majorité des sièges, les trois-quarts autres sont répartis proportionnellement entre les autres listes

11 Les conseils régionaux ont été élus au suffrage universel pour la première fois en :
❑ **a.** 1946 ❑ **b.** 1972 ❑ **c.** 1982 ❑ **d.** 1986 ❑ **e.** 2002

12 Les conseillers régionaux :
- ❑ **a.** Sont chargés régionalement de conseiller les députés
- ❑ **b.** Élisent en leur sein le président du conseil régional
- ❑ **c.** Règlent par leurs arrêtés les affaires régionales
- ❑ **d.** Constituent l'assemblée délibérante de la région

13 De quand date la création de la collectivité territoriale région ?

- ❑ **a.** 1982 ❑ **b.** 1790 ❑ **c.** 2010 ❑ **d.** 1972

14 La nouvelle région fusionnant les anciennes régions du Nord-Pas-de-Calais et Picardie s'appelle :

- ❑ **a.** Nord-Picardie ❑ **b.** Hauts-de-France
- ❑ **c.** Plat-pays ❑ **d.** Somme-Escaut

Vrai-Faux

15 La collectivité territoriale région est hiérarchiquement supérieure au département et à la commune. ❑ **Vrai** ❑ **Faux**

16 La parité n'est pas obligatoire aux élections régionales. ❑ **Vrai** ❑ **Faux**

17 La région n'est pas un service déconcentré de l'État. ❑ **Vrai** ❑ **Faux**

18 Il est prévu trois organes au sein des collectivités territoriales régions : un organe délibérant, un organe exécutif et un organe consultatif. ❑ **Vrai** ❑ **Faux**

19 C'est le président du conseil régional qui choisit les vice-présidents. ❑ **Vrai** ❑ **Faux**

20 La France métropolitaine ne compte pas 26 régions. ❑ **Vrai** ❑ **Faux**

21 Les régions d'outre-mer sont des régions monodépartementales. ❑ **Vrai** ❑ **Faux**

22 Le conseil économique, social et environnemental régional est un service du conseil régional. ❑ **Vrai** ❑ **Faux**

23 Les conseillers régionaux élisent le président du conseil régional pour 3 ans. ❑ **Vrai** ❑ **Faux**

24 Les conseillers régionaux règlent par leurs arrêtés les affaires de la région. ❑ **Vrai** ❑ **Faux**

25 Je suis Européen (autre que Français), alors je peux voter aux élections régionales. ❑ **Vrai** ❑ **Faux**

CORRIGÉS

La région

QCM

1. Réponse a. 13, hors les DOM, à partir du 1er janvier 2016. Et 22 avant cette réforme.

2. Réponses b et d. Les élections régionales étant des élections de listes, tous arrivent en même temps et le président est élu pour six ans aussi, contrairement aux départements où existait l'alternance dans les élections des conseillers généraux. Toutefois, les dernières élections régionales de ce type ont eu lieu en 2010. Exceptionnellement, suite à la modification du nombre de régions, les élections régionales auront lieu en décembre 2015. Par la suite, le rythme normal reprendra : élections tous les six ans au mois de mars.

3. Réponse c. Comme pour toute assemblée délibérante elle prend des délibérations pour gérer les affaires de la collectivité.

4. Réponses b, d et e. La région possède comme les deux autres niveaux de collectivité son organe délibérant, le conseil régional et son organe exécutif, le président du conseil régional, mais elle possède en plus un organe consultatif, le conseil économique, social et environnemental. Ce conseil est constitué de représentants d'entreprises, de représentants de salariés et de personnes qualifiées dans les différents domaines d'intervention de la région. Il est constitué pour aider les élus dans leurs choix et décisions à prendre au nom de la collectivité.

5. Réponses b et d. Les conseillers régionaux sont élus tous les six ans au scrutin mixte, c'est-à-dire qu'un quart des sièges est donné à la liste qui a obtenu la majorité des voix, les trois-quarts restant sont répartis entre toutes les listes en fonction du nombre de voix obtenues par chaque liste, y compris la liste qui a déjà obtenu un quart des sièges. La liste majoritaire obtient un quart des sièges plus proportionnellement une autre part de sièges. Il y a donc une vraie majorité au sein de cette assemblée et une opposition tout à fait présente.

6. Réponse c. Il n'y a aucune hiérarchie entre les collectivités territoriales. Chacune est totalement indépendante des autres.

7. Réponses b, c et d.

8. Réponse b. C'est un organe consultatif.

9. Réponse a.

10. Réponse d. L'affirmation a. est vraie mais elle ne concerne pas le scrutin, mais la parité aux élections.

11. Réponse d. 1986. Contrairement à la commune et au département qui, avant la décentralisation, avaient déjà des conseils élus par la population, la région n'était qu'un établissement public avec un conseil d'administration nommé par l'État. Si, sur le papier, elle est devenue une collectivité territoriale avec la décentralisation, il a fallu attendre quatre ans pour l'installer et mettre en place les premières élections de son premier conseil régional. Elle a donc réellement vu le jour en 1986.

12. Réponses b et c.

13. Réponse a. La loi de décentralisation du 2 mars 1982 transforme un établissement public régional créé en 1972 en personne morale « collectivité territoriale ».

14. Réponse b.

Vrai-Faux

15. Faux. Il n'y a aucun lien hiérarchique entre les collectivités.

16. Faux. Il doit même y avoir une alternance stricte entre les candidats sur les listes électorales.

17. Vrai.

18. Vrai.

19. Faux. Comme pour les autres collectivités, ils sont élus par les conseillers, à la suite du président.

20. Faux. Elle compte 13 régions. 22 étaient le nombre de régions avant la réforme entrée en application le 1er janvier 2016.

21. Vrai. Si, par exemple, la région Île-de-France comprend huit départements, les régions d'outre-mer n'en comptent qu'un seul. Sur chaque territoire départemental sont installées deux collectivités territoriales distinctes avec pour chacune un conseil départemental ou régional. Chaque collectivité s'occupe des compétences qui lui ont été transférées par l'État.

22. Faux. C'est l'organe consultatif du conseil régional.

23. Faux. C'est un scrutin de liste où tous les conseillers sont élus en même temps et pour six ans. Il n'y a donc pas d'alternance dans l'élection de l'assemblée.

24. Faux. Le conseil est l'organe délibérant qui délibère et prend des délibérations. C'est l'exécutif qui prend des arrêtés.

25. Faux. Seuls les Français peuvent voter aux élections régionales.

ENTRAÎNEMENT

Les compétences des collectivités territoriales

QCM

1 Cochez la (les) affirmation(s) exacte(s) :

❑ **a.** La région exerce une compétence générale en matière de formation professionnelle et d'apprentissage

❑ **b.** La commune construit et entretient les écoles primaires, et en rémunère le personnel de service et les enseignants

❑ **c.** Le département a pour compétence la construction et l'entretien des collèges

❑ **d.** La protection maternelle et infantile est une des compétences de la région

2 La commune n'a pas pour compétence :

❑ **a.** L'urbanisme

❑ **b.** La construction, l'entretien et le fonctionnement des collèges

❑ **c.** La construction, l'entretien et le fonctionnement des lycées

❑ **d.** Le ramassage et le traitement des ordures ménagères

❑ **e.** La protection maternelle et infantile

3 La protection maternelle et infantile (PMI) :

❑ **a.** Dépend du ministère de la Santé, de la Jeunesse, des Sports et de la Vie associative

❑ **b.** Dépend du département

❑ **c.** Est un établissement public à vocation médico-sociale

❑ **d.** Dépend de la commune

4 Le département a en charge :

❑ **a.** Les dépenses d'entretien des routes nationales d'intérêt local

❑ **b.** La construction et l'entretien des lycées publics

❑ **c.** La construction et l'entretien des collèges publics

❑ **d.** La délivrance des permis de construire

5 La région joue un rôle important :
- ❑ **a.** En matière de développement économique
- ❑ **b.** En matière d'aménagement du territoire
- ❑ **c.** En matière d'action sociale
- ❑ **d.** En matière de formation professionnelle

6 La PMI :
- ❑ **a.** Est chargée de la prévention des troubles musculo-squelettiques au travail
- ❑ **b.** Est chargée de la prévention médico-sociale en faveur des enfants de 0 à 6 ans
- ❑ **c.** Met en place des dépistages anonymes et gratuits du VIH
- ❑ **d.** Est chargée de la prévention médico-sociale en faveur de la femme enceinte

7 La construction et l'entretien des bâtiments des écoles primaires publiques sont de la compétence :
- ❑ **a.** Du département
- ❑ **b.** De la commune
- ❑ **c.** Du ministère de l'Éducation nationale
- ❑ **d.** De la région
- ❑ **e.** De l'État

8 Les compétences traditionnelles du maire en tant que représentant de l'État sont notamment :
- ❑ **a.** Les fonctions d'état civil
- ❑ **b.** Les fonctions électorales
- ❑ **c.** L'urbanisme
- ❑ **d.** La protection de l'ordre public
- ❑ **e.** L'action sociale

9 Le département a en charge :
- ❑ **a.** L'organisation des élections locales
- ❑ **b.** La construction et l'entretien des conservatoires municipaux
- ❑ **c.** L'aide sociale à l'enfance
- ❑ **d.** La construction et l'entretien des écoles primaires publiques

10 La création et le fonctionnement d'une crèche municipale sont une compétence obligatoire pour :

- ❑ **a.** Les communes
- ❑ **b.** Les départements
- ❑ **c.** L'État
- ❑ **d.** Personne, ce n'est pas une compétence obligatoire

11 Qui décide de la fermeture d'une classe maternelle ?

- ❑ **a.** Le maire
- ❑ **b.** Le conseil municipal
- ❑ **c.** L'inspecteur d'académie
- ❑ **d.** Le préfet

12 Le maire organise les élections, publie et exécute les textes officiels, participe au recensement de la population sous le contrôle administratif :

- ❑ **a.** Du président du conseil départemental
- ❑ **b.** Du préfet
- ❑ **c.** Du ministre de l'Intérieur
- ❑ **d.** Du président du conseil régional

13 L'essentiel de la formation professionnelle relève :

- ❑ **a.** Du CCAS
- ❑ **b.** De la commune
- ❑ **c.** Du département
- ❑ **d.** De la région

14 Sont des compétences obligatoires pour les départements :

- ❑ **a.** La mise en place de transports urbains
- ❑ **b.** La mise en place du ramassage scolaire en zone rurale
- ❑ **c.** La cantine scolaire dans les collèges
- ❑ **d.** Une bibliothèque centrale de prêt d'ouvrages
- ❑ **e.** Un grand stade
- ❑ **f.** La mise en place des services sociaux autour du RSA ou de l'aide sociale aux personnes âgées ou handicapées.
- ❑ **g.** Les services d'incendie et de secours (SDIS)

15 Sont des compétences facultatives pour les communes :
- ❑ **a.** La cantine scolaire
- ❑ **b.** Les bibliothèques municipales et conservatoires de musique ou de danse
- ❑ **c.** La construction des écoles primaires
- ❑ **d.** L'urbanisme
- ❑ **e.** La mise en place d'un CCAS
- ❑ **f.** La mise en place de transports urbains

16 L'aide sociale à l'enfance :
- ❑ **a.** Est une compétence obligatoire de la commune
- ❑ **b.** Est une compétence obligatoire du département
- ❑ **c.** Est une compétence obligatoire de la région
- ❑ **d.** Est une compétence facultative de toutes les collectivités territoriales

17 La restauration scolaire :
- ❑ **a.** Est une compétence obligatoire des communes pour les écoles primaires
- ❑ **b.** Est une compétence obligatoire du département dans les collèges
- ❑ **c.** Est une compétence facultative des communes
- ❑ **d.** Peut faire l'objet d'une délégation de service public

18 La gestion du RSA est une compétence :
- ❑ **a.** De la région
- ❑ **b.** De l'État
- ❑ **c.** Du département

19 Le ramassage et le traitement des ordures ménagères :
- ❑ **a.** Est une compétence de la région
- ❑ **b.** Est une compétence du département
- ❑ **c.** Est une compétence de la commune
- ❑ **d.** Est une compétence facultative
- ❑ **e.** Est une compétence obligatoire

20 L'allocation personnalisée à l'autonomie est une prestation qui relève :
- ❑ **a.** De la commune
- ❑ **b.** Du conseil départemental

❑ **c.** Du conseil régional

❑ **d.** De l'État

Vrai-Faux

21 La compétence principale du département est l'urbanisme. ❑ **Vrai** ❑ **Faux**

22 La compétence principale de la région est la formation professionnelle. ❑ **Vrai** ❑ **Faux**

23 Le schéma régional des transports est une compétence des communes. ❑ **Vrai** ❑ **Faux**

24 Les crèches municipales font partie des compétences obligatoires des communes. ❑ **Vrai** ❑ **Faux**

25 Une commune a l'obligation de mettre en place des espaces verts dans chaque quartier. ❑ **Vrai** ❑ **Faux**

26 Les départements ont l'obligation d'entretenir les routes départementales. ❑ **Vrai** ❑ **Faux**

27 Une commune peut construire et équiper un collège. ❑ **Vrai** ❑ **Faux**

28 Le département gère le revenu de solidarité active (RSA). ❑ **Vrai** ❑ **Faux**

29 Les transports publics hors agglomération sont une compétence des départements. ❑ **Vrai** ❑ **Faux**

30 La région peut aider financièrement une commune à mettre en place un service public. ❑ **Vrai** ❑ **Faux**

31 Un président de conseil départemental peut délivrer un permis de construire. ❑ **Vrai** ❑ **Faux**

32 La construction, l'entretien, l'équipement et la rémunération des personnels enseignants des lycées sont une compétence des régions. ❑ **Vrai** ❑ **Faux**

33 L'aide sociale à l'enfance relève du département. ❑ **Vrai** ❑ **Faux**

34 Le département organise et finance les transports scolaires. ❑ **Vrai** ❑ **Faux**

35 La Protection maternelle et infantile (PMI) est une compétence obligatoire des communes. ❑ **Vrai** ❑ **Faux**

CORRIGÉS

Les compétences des collectivités territoriales

QCM

1. **Réponses a et c.** La commune construit et entretien bien les écoles primaires, rémunère bien les personnels de service, mais en aucun cas ne rémunère le personnel enseignant qui, lui, dépend de l'État et est payé sur le budget de l'État.

2. **Réponses b, c et e.**

3. **Réponse b.** C'est l'une des compétences obligatoires des départements.

4. **Réponse c.** Si la route est nationale elle est prise en charge par l'État (Tout tronçon de route est forcément à cet endroit d'intérêt local !).

5. **Réponses a et d.** L'aménagement du territoire est à la base une compétence municipale puisque c'est la commune qui a comme compétence principale, l'urbanisme. Cela n'empêche pas l'État de passer des contrats pour des aménagements locaux, avec une notion de cohérence sur les territoires, notamment urbains.

6. **Réponses b et d.** La prévention des troubles musculo-squelettiques au travail doit être assurée par les services de médecine du travail et le dépistage du VIH est assuré par les services de prévention médicale de l'État

7. **Réponse b.** Quant à l'État, il a en charge la définition des programmes scolaires, le recrutement, la formation et la rémunération des enseignants.

8. **Réponses a, b et d.** L'état civil, les élections et l'ordre public sont exécutés par le maire avec sa casquette de représentant de l'État sous l'autorité du préfet ou du procureur de la République. L'urbanisme est une compétence transférée à la collectivité commune. L'action sociale relève d'une compétence transférée aux départements, mais la commune peut éventuellement s'engager dans une prise en charge facultative au-delà de ce qui est déjà pris en charge par le département : livraison de repas à domicile pour les personnes âgées, aide aux déplacements...

9. Réponse c.

10. Réponse d. Effectivement, une crèche n'est, à ce jour, une compétence obligatoire pour aucun niveau de collectivité.

11. Réponse c. En effet, les ouvertures ou fermetures de classe sont de la compétence de l'État. L'obligation du maire n'est que de mettre à la disposition de l'État les locaux nécessaires pour que celui-ci puisse y assurer l'enseignement.

12. Réponse b.

13. Réponse d.

14. Réponses c, d, f et g. Le ramassage scolaire comme les transports non urbains ont été transférés par la loi NOTRe à la Région.

15. Réponses a et b. Aucune loi n'oblige actuellement une commune à mettre en place une cantine scolaire en primaire et maternelle, ni une bibliothèque municipale ou un conservatoire. En revanche, elles doivent obligatoirement mettre en place un CCAS (centre communal d'actions sociales) et un système de transports publics pour sa population à l'intérieur du périmètre urbain.

16. Réponse b. Seul le département a compétence en matière d'aide sociale et notamment l'aide sociale à l'enfance et la protection des mineurs. Mais, au-delà du minimum légal dévolu aux départements que les communes ne peuvent pas prendre en charge, elles ont la possibilité de mettre en place des compléments d'aide afin de soutenir leur population en difficulté.

17. Réponses b, c et d. Suite à un marché public, une commune peut confier à une entreprise privée la conception de repas qui seront livrés dans les locaux municipaux de la cantine scolaire, mais elle peut aussi confier l'intégralité du service à cette entreprise, dans ce cas les enfants iront déjeuner dans les locaux de l'entreprise.

18. Réponse c. C'est une compétence obligatoire des départements, comme toutes les mesures de solidarité nationale : aide sociale à l'enfance, aux personnes âgées, aux personnes handicapées, le RSA, la PMI...

19. Réponses c et e.

20. Réponse b. Elle fait partie du train de transfert de compétences pour les mesures de solidarité nationale, de l'État vers le département.

CORRIGÉS

Vrai-Faux

21. Faux. Ce sont toutes les mesures de solidarité nationale. L'urbanisme relève de la commune.

22. Faux. La formation professionnelle relève bien de la région mais ce n'est pas sa compétence principale. Ce sont toutes les actions d'aide au développement économique régional.

23. Faux. Pour le schéma, cela revient à la région. Question de cohérence de politique sur le territoire.

24. Faux. Ce n'est valable pour aucun niveau de collectivité.

25. Faux. Elle n'a aucune obligation légale sur ce point.

26. Vrai.

27. Faux. Cela revient uniquement aux départements. Toutefois, rien ne l'empêche d'envoyer au département une subvention pour l'aider sur cette obligation. Mais elle ne peut être le maître d'ouvrage de la construction et de l'équipement du collège.

28. Vrai. C'est une compétence obligatoire.

29. Vrai.

30. Vrai.

31. Faux. L'urbanisme est la compétence principale des communes et c'est le maire qui délivre les permis de construire.

32. Faux. La rémunération du personnel enseignant relève du budget de l'État.

33. Vrai.

34. Vrai. S'il s'agit du ramassage scolaire au-delà d'une seule commune.

35. Faux. C'est une compétence obligatoire des départements.

ENTRAÎNEMENT

Le contrôle sur la légalité

QCM

1 Le contrôle de légalité des actes administratifs de la commune est un contrôle :

- ❑ **a.** Exercé par le maire sur ses services
- ❑ **b.** Exercé par le préfet sur tous les documents administratifs de la commune
- ❑ **c.** Exercé par le préfet sur certains actes administratifs de la commune

2 Le contrôle des actes des collectivités :

- ❑ **a.** Est un contrôle de pertinence exercé par le préfet
- ❑ **b.** Est un contrôle hiérarchique : le président du conseil régional contrôle le président du conseil départemental qui contrôle le maire
- ❑ **c.** Est un contrôle *a posteriori*, portant sur la seule légalité des actes, exercé par le préfet
- ❑ **d.** Permet au préfet de se comporter comme un juge en annulant les actes illégaux
- ❑ **e.** Peut conduire le préfet à déférer au juge administratif les actes qu'il estime illégaux

3 Le contrôle des décisions des autorités de la commune n'est pas effectué par :

- ❑ **a.** Le président du conseil départemental
- ❑ **b.** Le préfet
- ❑ **c.** Le ministre de l'Intérieur

4 Un acte est exécutoire dès que :

- ❑ **a.** L'acte est transmis au préfet
- ❑ **b.** Dès qu'il est publié
- ❑ **c.** Dès qu'il est notifié à l'intéressé
- ❑ **d.** Dès qu'il est transmis en préfecture et publié ou notifié
- ❑ **e.** Dès qu'il est transmis au ministère de l'Intérieur et publié au JO

5 Le contrôle s'effectue sur :

- ❑ **a.** La légalité des actes
- ❑ **b.** L'opportunité des actes
- ❑ **c.** L'égalité des actes

6 Quand le préfet estime qu'un acte est illégal :

- ❑ **a.** Il peut l'annuler
- ❑ **b.** Il peut demander au juge sa suspension
- ❑ **c.** Il le défère au juge du tribunal administratif
- ❑ **d.** Il tente une mesure de conciliation avec la collectivité.

7 Les autorités qui exercent le contrôle de légalité des actes administratifs des collectivités territoriales sont, dans l'ordre chronologique :

- ❑ **a.** Le juge administratif puis le préfet
- ❑ **b.** Le préfet puis le juge administratif
- ❑ **c.** Le préfet puis le juge administratif puis le ministre de l'Intérieur
- ❑ **d.** Le Conseil supérieur de la fonction publique puis le préfet

8 Depuis la loi du 2 mars 1982 relative aux droits et libertés des communes, départements et régions :

- ❑ **a.** Le contrôle *a posteriori* du préfet sur les actes des collectivités territoriales est supprimé
- ❑ **b.** Le préfet exerce un contrôle *a posteriori* des actes des collectivités territoriales
- ❑ **c.** Le président du conseil départemental assure l'exécution des délibérations du conseil départemental
- ❑ **d.** L'assemblée délibérante du conseil régional assure l'exécution des mesures prises par la région.

9 Le préfet a :

- ❑ **a.** Deux mois pour faire savoir à la collectivité si l'acte dont il a été destinataire est légal ou non
- ❑ **b.** Trois mois pour faire savoir à la collectivité si l'acte dont il a été destinataire est légal ou non
- ❑ **c.** Un an pour faire savoir à la collectivité si l'acte dont il a été destinataire est légal ou non

10 Une fois publiés ou notifiés et transmis au contrôle de légalité, les actes des collectivités territoriales sont dits :

- ❑ **a.** Exécutoires
- ❑ **b.** Contradictoires
- ❑ **c.** Obligatoires

Vrai-Faux

11 C'est un contrôle *a priori*. ❑ **Vrai** ❑ **Faux**

12 Le contrôle sur l'opportunité est effectué par le préfet. ❑ **Vrai** ❑ **Faux**

13 Le préfet a trois mois pour effectuer le contrôle sur la légalité des actes. ❑ **Vrai** ❑ **Faux**

14 Seul le juge peut annuler un acte qu'il juge illégal. ❑ **Vrai** ❑ **Faux**

15 Passé les deux mois, un acte même illégal reste applicable. ❑ **Vrai** ❑ **Faux**

16 Dire qu'un acte est exécutoire veut dire qu'il est applicable. ❑ **Vrai** ❑ **Faux**

17 C'est la région qui vérifie la légalité des actes du département. ❑ **Vrai** ❑ **Faux**

18 Si le préfet estime qu'un acte est illégal, il peut le modifier. ❑ **Vrai** ❑ **Faux**

19 Le préfet peut annuler un acte qu'il estime illégal. ❑ **Vrai** ❑ **Faux**

20 Le préfet est élu dans son poste par le gouvernement en Conseil des ministres. ❑ **Vrai** ❑ **Faux**

21 En cas d'urgence, le préfet peut suspendre un acte qu'il estime illégal. ❑ **Vrai** ❑ **Faux**

22 Le juge administratif peut être saisi par un citoyen qui souhaite obtenir l'annulation d'un acte. ❑ **Vrai** ❑ **Faux**

CORRIGÉS

Le contrôle sur la légalité

QCM

1. **Réponse c.** Tous les actes ne partent pas au contrôle de la légalité, mais seulement ceux qui engagent de façon importante la collectivité.

2. **Réponses c et e.** C'est bien un contrôle *a posteriori*, c'est-à-dire après que la collectivité a pris sa décision, et non comme avant la mise en place de la décentralisation où le préfet effectuait un contrôle *a priori*, c'est-à-dire avant que le conseil ne puisse décider. Il n'y avait donc pas d'autonomie des conseils. En revanche, le préfet ne peut pas annuler un acte qu'il estime illégal. L'annulation est une compétence exclusive du juge.

3. **Réponses a et c.** Seul le préfet, agent de l'État, peut effectuer ce contrôle.

4. **Réponse d.** Les deux conditions sont cumulatives, il doit être transmis en préfecture ET être publié si l'acte a une portée collective ou notifié si l'acte est individuel (arrêté de nomination).

5. **Réponse a.** Uniquement. Est-ce que l'acte respecte la hiérarchie des normes et respecte-t-il toutes les lois le concernant ? C'est la seule question que peut se poser le préfet.

6. **Réponses b, c et d.** Dans l'ordre, il tente une mesure de conciliation avec la collectivité, si elle échoue alors il défère l'acte auprès du juge du tribunal administratif. Seul le juge peut juger l'acte légal ou non. En cas d'urgence, le préfet peut demander au juge de prendre une mesure de suspension à l'exécution de l'acte. Dans ce cas le juge se saisira rapidement du dossier pour donner son jugement. Pendant ce temps l'acte est toujours existant mais l'exécutif de la collectivité ne peut plus le mettre en exécution.

7. **Réponse b.**

8. **Réponses b et c.**

9. **Réponse a.** Passé les deux mois, si le préfet ne s'est pas manifesté, même un acte illégal s'appliquerait !

10. **Réponse a.**

Vrai-Faux

11. Faux. *A priori* veut dire avant que la décision soit prise : on demande la permission ! Or, c'est un contrôle a *posteriori*. Les élus prennent leurs décisions et le préfet a deux mois pour vérifier si l'acte est légal ou non. Durant cette période (et une fois que les deux conditions de transmission en préfecture et publication ou notification sont remplies) l'acte est immédiatement exécutoire. Il n'y a pas besoin d'attendre l'estimation du préfet.

12. Faux. Ce n'est pas un contrôle sur l'opportunité mais sur la légalité.

13. Faux. Il n'a que deux mois.

14. Vrai. Lui seul a ce pouvoir.

15. Vrai.

16. Vrai.

17. Faux. C'est l'État.

18. Faux. Il tente une mesure de conciliation à l'amiable avec la collectivité. S'il échoue, alors il défère l'acte au juge administratif qui seul a le pouvoir de juger l'acte. Le juge peut soit annuler l'acte soit le maintenir s'il juge que le préfet s'est trompé.

19. Faux. Ce n'est que le juge administratif.

20. Faux. Ce n'est pas un élu. C'est un fonctionnaire nommé par décret en Conseil des ministres.

21. Faux. Il ne peut que demander au juge administratif de prendre une mesure de suspension. Ne pas confondre suspension quant à l'exécution de l'acte et annulation de l'acte. Avec la suspension, l'acte existe toujours, mais n'est plus exécutoire, la collectivité est obligée de mettre en attente l'exécution de l'acte. Dans ce cas le juge se penchera plus rapidement sur le dossier pour rendre son verdict.

22. Vrai.

ENTRAÎNEMENT

Les réformes des collectivités

QCM

1 Les lois sur la réforme des collectivités datent du :

- ❑ **a.** 27 janvier 2014
- ❑ **b.** 13 août 2004
- ❑ **c.** 16 décembre 2010
- ❑ **d.** 16 décembre 2011

2 La loi de réforme du 16 décembre 2010 des collectivités prévoit la possibilité :

- ❑ **a.** De regroupement de départements entre eux
- ❑ **b.** De regroupement de communes et de départements entre eux
- ❑ **c.** De fusion des départements avec une région
- ❑ **d.** Que deux départements, même non limitrophes, puissent se regrouper
- ❑ **e.** De regroupement de régions entre elles

3 Une commune nouvelle :

- ❑ **a.** Résulte d'un accord passé entre deux communes pour prendre en charge des services à la population
- ❑ **b.** Est la fusion de plusieurs communes en une seule commune, plus grande
- ❑ **c.** Est un nouvel établissement de coopération intercommunal
- ❑ **d.** Est une commune qui change de nom

4 La métropole :

- ❑ **a.** Est un nouveau niveau de collectivité territoriale
- ❑ **b.** Est un nouvel établissement de coopération intercommunal
- ❑ **c.** Se substitue à la commune existante
- ❑ **d.** Se substitue aux syndicats intercommunaux existant sur son territoire

❑ **e.** Sur son territoire, peut prendre en charge certaines compétences des départements et des régions

❑ **f.** Sur son territoire, est dotée de la clause générale de compétence

5 Une collectivité unique :

❑ **a.** Est un regroupement de communes en une seule commune en outre-mer

❑ **b.** Est la fusion du département et de la région en outre-mer

❑ **c.** Est la fusion des communes avec le département d'outre-mer

6 Dans une collectivité unique :

❑ **a.** Il n'y a qu'une seule assemblée, le conseil municipal

❑ **b.** Il n'y a qu'une seule assemblée délibérante, le conseil départemental

❑ **c.** L'assemblée prend en charge toutes les compétences généralement attribuée au département et à la région

❑ **d.** L'assemblée prend en charge toutes les compétences généralement attribuée aux communes et au département

7 La réforme des collectivités :

❑ **a.** Prévoit le rattachement obligatoire de toutes communes à une intercommunalité

❑ **b.** Autorise toujours les enclaves lors de l'adhésion à un établissement de coopération intercommunal

❑ **c.** Prévoit une consultation de la population avant tout projet de regroupement de collectivité.

❑ **d.** Instaure des conseils communautaires au sein des structures intercommunales

8 Les conseils communautaires des structures intercommunales :

❑ **a.** Sont élus lors des élections cantonales

❑ **b.** Sont élus lors des élections municipales

❑ **c.** Par un système de fléchage des premiers des listes municipales

❑ **d.** Par un système de fléchage sur les listes électorales

9 La métropole de Lyon :

- ❑ **a.** Est un EPCI comme les autres métropoles
- ❑ **b.** Fait exception en étant la première métropole « collectivité territoriale » issue de la fusion des intercommunalités et de la partie du département située sur le territoire de la métropole
- ❑ **c.** Fait exception en étant la première métropole « collectivité territoriale » issue de la fusion des intercommunalités et des communes du territoire de la métropole

10 La Guyane et la Martinique sont devenues ou deviendraient des collectivités uniques en :

- ❑ **a.** 2010
- ❑ **b.** 2014
- ❑ **c.** 2015
- ❑ **d.** 2020

Vrai-Faux

11 La métropole est une nouvelle collectivité territoriale. ❑ **Vrai** ❑ **Faux**

12 Le conseil communautaire est la nouvelle appellation des conseils d'administration des métropoles, CU, communautés d'agglomération et communauté de communes. ❑ **Vrai** ❑ **Faux**

13 Le pôle métropolitain est un EPCI sans fiscalité propre. ❑ **Vrai** ❑ **Faux**

14 Le schéma départemental de coopération intercommunale peut proposer la fusion d'EPCI. ❑ **Vrai** ❑ **Faux**

15 La métropole concerne des agglomérations d'au moins 500 000 habitants. ❑ **Vrai** ❑ **Faux**

16 Les membres des conseils communautaires sont élus par la population. ❑ **Vrai** ❑ **Faux**

17 La métropole exerce de plein droit certaines compétences en lieu et place des communes, des départements et des régions. ❑ **Vrai** ❑ **Faux**

18 Le fléchage des candidats sur les listes électorales régionales indique que ce sont ces personnes qui siégeront aux conseils communautaires. ❑ Vrai ❑ Faux

19 Le pôle métropolitain regroupe au moins 300 000 habitants autour de l'aménagement du territoire. ❑ Vrai ❑ Faux

20 Tout ou partie des compétences du domaine de l'action sociale des départements peut être transféré aux métropoles. ❑ Vrai ❑ Faux

21 Dans une métropole, les maires conservent des compétences en matière d'urbanisme. ❑ Vrai ❑ Faux

22 La réforme des collectivités territoriales a été votée le 16 novembre 2010. ❑ Vrai ❑ Faux

23 Plusieurs départements peuvent se regrouper pour ne constituer qu'un seul grand territoire. ❑ Vrai ❑ Faux

24 Les départements de la région et la région peuvent fusionner pour constituer une collectivité unique sur un grand territoire. ❑ Vrai ❑ Faux

25 Les conseillers départementaux sont élus sur des cantons au scrutin binominal, majoritaire. ❑ Vrai ❑ Faux

26 Les communes conservent la clause de compétence générale. ❑ Vrai ❑ Faux

27 Une compétence exclusive est un domaine d'intervention au libre choix de chaque collectivité. ❑ Vrai ❑ Faux

28 La mission de la Société du Grand Paris est d'élaborer et de mettre en place un réseau de transport public en Île-de-France. ❑ Vrai ❑ Faux

29 Des communes peuvent fusionner avec le département. ❑ Vrai ❑ Faux

30 Quand les assemblées délibérantes des collectivités territoriales sont respectivement d'accord pour se regrouper, le Conseil d'État peut prendre un décret pour rendre officiel ces changements. ❑ Vrai ❑ Faux

31 Le Grand Paris prévoit la fusion de l'ensemble des communes de l'agglomération parisienne en 2020. ❑ Vrai ❑ Faux

32 Une commune nouvelle est une commune qui se constitue par le regroupement de plusieurs EPCI. ❑ Vrai ❑ Faux

33 Après les élections départementales de 2015, les prochains conseillers départementaux seront élus à compter de 2018. ❑ Vrai ❑ Faux

34 La création d'une commune nouvelle s'effectue par la fusion de communes existantes. ❑ Vrai ❑ Faux

35 Au sein d'une commune nouvelle il peut y avoir des communes déléguées. ❑ Vrai ❑ Faux

36 Le Grand Paris prévoit la création du pôle scientifique et technologique de La Défense par la création d'un EPIC « Paris-La Défense ». ❑ Vrai ❑ Faux

37 Un département pourra demander à changer de région même si son territoire n'est pas contigu avec la région. ❑ Vrai ❑ Faux

38 Le Conseil départemental sera constitué des conseillers départementaux élus sur les cantons du département. ❑ Vrai ❑ Faux

39 Les vice-présidents du conseil régional seront de droits les présidents des conseils départementaux du territoire. ❑ Vrai ❑ Faux

40 La parité est obligatoire pour les élections des conseillers départementaux. ❑ Vrai ❑ Faux

41 Il y a plus de cantons pour élire les conseillers départementaux. ❑ Vrai ❑ Faux

CORRIGÉS

La réforme des collectivités

QCM

1. Réponse c.

2. Réponses a, c et e.

3. Réponse b. Plusieurs communes d'une même agglomération pourront fusionner entre elles pour ne former plus qu'une seule et même commune. Son territoire sera désormais composé de celui de toutes les anciennes communes rassemblées.

4. Réponses b, d et e. La métropole est un nouvel établissement public de coopération intercommunal pour des agglomérations de plus de 500 000 habitants. Huit agglomérations se sont déjà portées candidates pour se transformer en métropole : Marseille, Lyon (créé en 2015), Bordeaux, Toulouse, Lille, Nantes, Nice et Strasbourg.

5. Réponse b. C'est la fusion de deux collectivités, le département et la région, en une seule et même collectivité. Là où il y avait deux échelons de collectivités, il n'y en a plus qu'un. Il n'y a plus qu'une seule assemblée délibérante et les conseillers gèrent l'ensemble des compétences qui étaient auparavant réparties sur les deux collectivités. Actuellement il n'existe qu'une seule collectivité unique, Mayotte. Suite à un référendum local favorable, deux autres collectivités uniques vont bientôt voir le jour : la Guyane et la Martinique.

6. Réponses b et c. Voir explication ci-dessus.

7. Réponses a, c et d. Le préfet, au nom de l'État, pourra avoir un rôle plus coercitif vis-à-vis des communes qui ne veulent pas adhérer à une structure intercommunale, ou qui veulent se maintenir dans une situation d'enclave, c'est-à-dire sans frontière limitrophe avec la structure intercommunale d'adhésion.

8. Réponses b et c. Par un système de fléchage des premiers des listes municipales, les électeurs sauront quels candidats seront susceptibles (s'ils sont élus) de participer aux conseils communautaires des structures intercommunales auxquelles la commune adhère.

9. **Réponse a.** La métropole de Lyon fusionne bien les EPCI de son territoire et la portion du département située sur son territoire. La collectivité territoriale départementale du Rhône a donc vu son territoire diminuer d'autant.

10. **Réponse c.** À fin 2015. La loi constitutionnelle du 28 mars 2003 a donné à la Martinique et à la Guyane la possibilité de se doter d'une collectivité territoriale unique fusionnant celles du département et de la région.

Vrai-Faux

11. **Faux.** C'est un nouvel établissement public de coopération intercommunal qui fusionne tous les autres établissements publics intercommunaux à fiscalité propre existant précédemment sur son périmètre (hors la métropole de Lyon).

12. **Vrai.** Il remplace l'appellation de conseil d'administration.

13. **Faux.** Il pourra lever l'impôt afin d'assurer une partie de ses ressources.

14. **Vrai.** Le préfet peut proposer à plusieurs structures intercommunales de fusionner afin de ne constituer qu'une seule structure plus large.

15. **Vrai.** C'est le seuil de constitution de la métropole. Ne pas confondre ville et agglomération. Il y a la ville de Lyon avec ses limites et l'agglomération lyonnaise qui concerne l'ensemble du territoire urbanisé autour de Lyon.

16. **Vrai.** Par un système de fléchage de ces candidats sur les listes électorales municipales.

17. **Vrai.** Un certain nombre de compétences dévolues aux communes, aux départements et aux régions sont transférées de plein droit à la métropole sur son territoire. D'autres compétences de ces trois niveaux de collectivités peuvent lui être transférées par convention.

18. **Faux.** Le fléchage concerne les élections municipales. Il permettra de connaître les conseillers qui siégeront aux conseils communautaires des EPCI.

19. **Vrai.**

20. Vrai. Par convention entre le département et la métropole, mais uniquement sur le territoire de la métropole. Le département garde ses compétences sur le reste du territoire départemental.

21. Vrai. Le maire demeure compétent pour délivrer les permis de construire.

22. Vrai. Si l'on parle du vote par l'Assemblée nationale. Mais pour être applicable elle doit être promulguée par le président de la République, ce qui fut fait le 16 décembre 2010. On dit que la loi est donc du 16 décembre 2010.

23. Vrai.

24. Vrai.

25. Vrai.

26. Vrai.

27. Faux. C'est une compétence qui est donnée à un niveau de collectivité et ne peut donc plus être prise en charge par un autre niveau de collectivité. Exemple, la construction des collèges est une compétence des départements, ni une commune, ni une région ne peuvent être le maître d'ouvrage d'un collège.

28. Vrai. Il s'agit du « Grand Paris Express »

29. Faux.

30. Faux. Le Conseil d'État ne pourra prendre le décret que lorsque l'avis de la population, recueilli par référendum, y est aussi favorable.

31. Faux.

32. Faux.

33. Faux. Les prochaines élections des conseillers départementaux auront lieu en mars 2021. Il n'y a plus d'alternance.

34. Vrai.

35. Vrai. Cette possibilité permettra de garder une trace plus concrète des anciens territoires communaux. Mais ce choix doit être pris dans les six mois suivant la création de la commune nouvelle.

36. Faux. Il s'agit du pôle scientifique et technologique du plateau de Saclay.

37. Faux. Il pourra effectivement demander à être rattaché à une autre région à condition que son territoire soit contigu avec l'autre région.

38. Vrai.

39. Faux. Il n'y a pas de lien entre le conseil régional et le conseil départemental. Ils seront élus par le conseil régional, parmi les conseillers régionnaux siégeant au conseil régional. Leur mandat de vice-président au conseil régional ne s'exercera qu'au sein du conseil régional.

40. Vrai. Puisque c'est une élection binominale, sur chaque canton se présentent 2 candidats, 1 homme et 1 femme. Le conseil départemental sera donc constitué d'autant d'hommes que de femmes.

41. Faux. Au contraire, il y en a deux fois moins. En revanche, sur chaque canton se présentent deux candidats. Deux fois moins de cantons, ils ont donc un territoire deux fois plus grand, mais il y a autant de conseillers départementaux au sein du conseil. La parité, obligatoire dans les communes de plus de 1 000 h. et dans les conseils départementaux et régionaux, fait entrer 20 000 femmes au sein de ces conseils.

ENTRAÎNEMENT

Les finances publiques locales

QCM

1 Qui adopte le budget de la commune ?
- ❑ **a.** Le maire
- ❑ **b.** La commission des finances
- ❑ **c.** Le préfet
- ❑ **d.** Le conseil municipal

2 Ce document budgétaire est obligatoirement adopté avant le 31 mars de l'exercice auquel il s'applique. C'est :
- ❑ **a.** Le budget supplémentaire
- ❑ **b.** Le compte administratif
- ❑ **c.** Le budget primitif
- ❑ **d.** La décision modificative
- ❑ **e.** Le compte de gestion

3 Les quatre principaux impôts locaux directs sont :
- ❑ **a.** La taxe d'habitation
- ❑ **b** Les droits de mutation
- ❑ **c.** La taxe foncière sur les propriétés bâties
- ❑ **d**. La taxe communale de séjour
- ❑ **e.** La taxe foncière sur les propriétés non bâties
- ❑ **f.** La contribution économique territoriale

4 Entre dans les dépenses de fonctionnement de la commune :
- ❑ **a.** Le coût de la construction des bâtiments scolaires
- ❑ **b.** Les salaires et charges de personnel
- ❑ **c.** L'achat du matériel pédagogique scolaire
- ❑ **d.** L'achat de la voiture de service

5 Le budget de la commune doit obligatoirement être voté :
- ❑ **a.** En excédent
- ❑ **b.** En déficit

- ❑ **c.** En empruntant
- ❑ **d.** En équilibre
- ❑ **e.** À l'unanimité
- ❑ **f.** À la majorité

6 Le budget d'une collectivité territoriale :
- ❑ **a.** Peut être modifié en cours d'exécution au moyen d'une décision modificative
- ❑ **b.** Ne peut jamais être modifié une fois qu'il est voté
- ❑ **c.** Peut être complété par un budget supplémentaire

7 Le principe du vote du budget en équilibre réel :
- ❑ **a.** S'applique au budget de l'État et aux budgets locaux
- ❑ **b.** Ne concerne que les budgets locaux
- ❑ **c.** Signifie que le montant de la dette doit être égal au montant des emprunts
- ❑ **d.** Implique l'existence d'un équilibre entre les recettes et les dépenses
- ❑ **e.** Ne s'applique qu'aux entreprises privées

8 Les taux des impôts locaux :
- ❑ **a.** Sont fixés par l'État
- ❑ **b.** Sont établis en toute liberté par les collectivités territoriales depuis les lois décentralisatrices de 1982
- ❑ **c.** Sont fixés par les collectivités territoriales dans les limites déterminées par la loi

9 Les dépenses obligatoires d'une commune sont notamment :
- ❑ **a.** Les subventions versées aux associations caritatives
- ❑ **b.** Les frais de personnel
- ❑ **c.** Les subventions versées aux partis politiques
- ❑ **d.** Le remboursement de la dette

10 Sont des principes budgétaires :
- ❑ **a.** L'annualité
- ❑ **b.** L'universalité
- ❑ **c.** La probité
- ❑ **d.** La technicité
- ❑ **e.** L'antériorité
- ❑ **f.** La simplicité

11 L'État verse aux collectivités territoriales :

❑ **a.** Une dotation globale de fonctionnement

❑ **b.** Une prime territoriale annuelle en fonction de la taille de la collectivité

❑ **c.** Une dotation globale d'équipement

❑ **d.** Une prime de rendement

12 Le contrôle de la régularité des comptes des collectivités territoriales est effectué par :

❑ **a.** Le ministre de l'Intérieur, de l'Outre-mer et des collectivités territoriales

❑ **b.** L'ordonnateur public

❑ **c.** La chambre régionale des comptes

❑ **d.** La Banque de France

13 Le budget d'une collectivité territoriale est voté par :

❑ **a.** L'organe exécutif de la collectivité

❑ **b.** L'assemblée délibérante de la collectivité

❑ **c.** Le commissaire aux comptes

❑ **d.** Le comptable public

14 Le compte administratif de la commune :

❑ **a.** Rend compte de la réalisation des dépenses et recettes de l'année précédente

❑ **b.** Prévoit l'ensemble des dépenses et des recettes de l'année à venir

❑ **c.** Fait l'objet d'une approbation du conseil municipal

❑ **d.** Est facultatif pour les communes de moins de 10 000 habitants

15 La régie de recettes :

❑ **a.** Facilite l'encaissement des recettes

❑ **b.** Permet d'encaisser tous types de recettes

❑ **c.** Implique la nomination d'un régisseur et d'un régisseur suppléant

❑ **d.** Répertorie l'ensemble des recettes

16 La dotation globale de fonctionnement est :

❑ **a.** Un impôt indirect perçu par les collectivités territoriales

❑ **b.** Une ressource versée par l'État aux collectivités territoriales

❑ **c.** Une dépense obligatoire des collectivités territoriales

❑ **d.** Un impôt versé par les fonctionnaires territoriaux

17 Le budget d'une collectivité territoriale comprend :

❑ **a.** La section des recettes et la section des dépenses

❑ **b.** La section d'investissement et la section de fonctionnement

❑ **c.** La section des dépenses obligatoires et la section des dépenses facultatives

❑ **d.** La section des recettes et dépenses d'une part, la section de l'épargne d'autre part

18 Le budget primitif est :

❑ **a.** Provisoire

❑ **b.** Obligatoire

❑ **c.** Définitif

19 Le budget primitif est un acte :

❑ **a.** Confidentiel

❑ **b.** D'autorisation

❑ **c.** De confirmation

❑ **d.** Public

20 Le budget principal comprend :

❑ **a.** Deux sections

❑ **b.** Deux chapitres

❑ **c.** Deux titres

21 L'instruction budgétaire et comptable des communes s'appelle la :

❑ **a.** M52 ❑ **b.** M71 ❑ **c.** M14

22 Le compte de gestion est tenu par

❑ **a.** Les services comptables de la collectivité

❑ **b.** Le comptable du Trésor

❑ **c.** L'ordonnateur

Vrai-Faux

23 Une commune ne peut pas recourir à l'emprunt pour acheter un terrain. ❑ Vrai ❑ Faux

24 Un département peut encaisser l'argent des impôts sur le revenu. ❑ Vrai ❑ Faux

25 Un département n'a pas le droit d'être endetté. ❑ Vrai ❑ Faux

26 Le budget primitif doit être voté au plus tard le 31 mars. ❑ Vrai ❑ Faux

27 Celui qui ordonne une dépense est l'exécutif de la collectivité. ❑ Vrai ❑ Faux

28 La région peut être en déficit. ❑ Vrai ❑ Faux

29 Les impôts locaux sont : la taxe d'habitation, les taxes foncières sur le bâti et le non bâti et la contribution économique territoriale. ❑ Vrai ❑ Faux

30 Le Trésor public encaisse notre chèque de taxe d'habitation et place (en partie) l'argent sur le compte en banque de notre commune. ❑ Vrai ❑ Faux

31 L'argent versé par les parents pour la crèche va à l'État. ❑ Vrai ❑ Faux

32 Le maire est responsable de sa gestion sur ses biens propres. ❑ Vrai ❑ Faux

33 La chambre régionale des comptes vérifie la légalité des comptes des collectivités territoriales. ❑ Vrai ❑ Faux

34 Le budget est un acte politique parce qu'il est voté par les partis politiques. ❑ Vrai ❑ Faux

35 Une commune peut verser une subvention à une association culturelle. ❑ Vrai ❑ Faux

36 Le budget de la commune est voté par le directeur financier. ❑ Vrai ❑ Faux

37 C'est la région qui est destinataire de l'argent des impôts sur le revenu des Français. ❑ Vrai ❑ Faux

38 Les factures établies au nom de la commune sont réglées par chèque à la signature du maire. ❑ Vrai ❑ Faux

39 Le principe d'un vote du budget en équilibre signifie que le montant de la section fonctionnement doit être égal au montant de la section investissement. ❑ **Vrai** ❑ **Faux**

40 Le principe de l'équilibre ne s'applique pas au budget de l'État. ❑ **Vrai** ❑ **Faux**

41 Le principe de l'antériorité veut dire que le conseil doit voter le budget de l'année précédente. ❑ **Vrai** ❑ **Faux**

42 Pour une meilleure transparence des finances publiques, il existe le même plan comptable pour toutes les collectivités de France, désigné sous l'appellation M14. ❑ **Vrai** ❑ **Faux**

43 Le compte administratif est le document budgétaire du comptable du Trésor. ❑ **Vrai** ❑ **Faux**

44 Le budget d'une collectivité peut être modifié en cours d'année au moyen d'une décision modificative. ❑ **Vrai** ❑ **Faux**

45 Le préfet peut imposer un budget à une collectivité qui l'aurait voté en déséquilibre. ❑ **Vrai** ❑ **Faux**

46 Le taux des impôts locaux est fixé par les collectivités territoriales. ❑ **Vrai** ❑ **Faux**

CORRIGÉS

Les finances publiques locales

QCM

1. **Réponse d.** Le budget est préparé par l'exécutif, le maire. Il le présente au conseil municipal. Mais, c'est le conseil municipal qui le discute, le modifie et finit par le voter, à la majorité d'assemblée. Le maire devra ensuite mettre en application ce qui a été voté par le conseil.
2. **Réponse c.** On dit parfois aussi le budget prévisionnel. Il doit obligatoirement être voté avant le 31 mars, mais souvent il l'est dans le courant du mois de janvier.
3. **Réponses a, c, e et f.** C'est ce que l'on appelle traditionnellement les quatre impôts locaux. La contribution économique territoriale remplace l'ancienne taxe professionnelle. Les autres taxes participent aussi aux recettes des collectivités territoriales.
4. **Réponse b.** On entend par dépenses de fonctionnement, les dépenses qui servent à faire fonctionner les services, sans enrichir son patrimoine : la paye et les charges sociales du personnel, l'essence des véhicules, les dépenses d'EDF, du téléphone, de l'eau, les aides financières aux usagers... En revanche, les dépenses qui permettent de constituer ou valoriser le patrimoine de la collectivité sont des dépenses d'investissement, comme l'achat de la voiture, la construction des bâtiments, l'achat de matériel, de mobilier, de machines, de terrains... Une façon très simple de se rappeler la différence : une voiture s'achète et se revend, c'est de l'investissement, alors que l'essence qui a permis aux personnels de travailler, est partie en fumée, il n'en reste plus rien, c'est du fonctionnement.
5. **Réponses d et f.** Le budget des collectivités, contrairement à celui de l'État, doit obligatoirement être voté en équilibre, le montant prévu des recettes doit être strictement égal au montant prévu des dépenses pour l'année à venir. Il doit aussi être le reflet du choix de la majorité du conseil. Il est interdit à une collectivité ou à un établissement public local de prévoir un budget en déficit, c'est-à-dire quand les dépenses prévues sont supérieures aux recettes envisagées.

6. **Réponse a.** La décision modificative, votée à la majorité de l'assemblée délibérante, peut modifier la structure du budget en cours d'année, mais pas le montant total qui, voté lors du budget primitif, ne pourra plus évoluer en cours d'année.

7. **Réponses b et d.** Les collectivités territoriales ont l'obligation de vote d'un budget en équilibre entre les recettes et les dépenses, ce qui n'est pas le cas de l'État qui s'autorise du déficit dès le vote du budget prévisionnel de l'année. L'équilibre doit se faire dans chaque section : équilibre entre les recettes et les dépenses de fonctionnement et équilibre entre les recettes et les dépenses d'investissement.

8. **Réponse c.** Chaque conseil vote le taux de pression fiscale qu'il souhaite appliquer sur son territoire en fonction des services qu'il souhaite mettre à disposition de sa population. S'il vote librement, ce taux est toutefois encadré dans certaines limites à ne pas dépasser.

9. **Réponses b et d.** Les dépenses obligatoires résultent des compétences obligatoires transférées aux collectivités. Au-delà, si les choix des élus des conseils et les ressources de la commune le permettent, les élus peuvent prévoir d'autres dépenses correspondant aux compétences facultatives qu'ils mettent en place en réponse aux besoins de leurs populations.

10. **Réponses a, b et e.** L'annualité, un budget est voté pour une année civile. L'universalité, veut dire que toutes les recettes font l'objet d'un pot commun de même que toutes les dépenses de leur côté. On ne peut pas figer une recette à une dépense. L'antériorité signifie que l'on ne peut commencer à encaisser une recette ou régler une dépense que lorsque le budget a été voté par les élus de la collectivité. Toutefois, dans l'attente du vote du budget de l'année (au plus tard le 31 mars) la collectivité peut encaisser et dépenser 1/12e de l'année précédente par mois pour les dépenses courantes ou verser les allocations aux usagers par exemple. Mais une nouvelle dépense devra attendre d'avoir été votée et inscrite au budget par le conseil pour commencer à dépenser le premier euro.

11. **Réponses a et c.** Toutefois, d'année en année, le montant de ces dotations ne suit souvent pas le coût réel engendré par le transfert de compétence.

12. **Réponse c.** Après le préfet qui vérifie la légalité du budget, c'est la chambre régionale des comptes qui vérifie la régularité des comptes des collectivités et de leurs établissements publics.

13. Réponse b. C'est le seul organe habilité à voter le budget.

14. Réponses a et c. Le compte administratif est le reflet de l'ensemble des recettes réellement encaissées et des dépenses réellement mandatées de l'année précédente, contrairement au budget primitif qui n'est qu'une estimation envisagée pour l'année à venir.

15. Réponses a et c. Les régies de recettes ne concernent pas le budget total de la collectivité, mais localement elles répondent aux besoins d'utilisation ponctuels d'argent : permettre à la DRH de la collectivité de payer un agent nouvellement recruté par un chèque à la fin du premier mois en attendant que le système du virement se mette en place, ou aller acheter un petit pot de bébé manquant à la crèche pour le goûter, ou verser une aide d'urgence à un usager en détresse... Mais les comptes, gérés par un régisseur nommé, sont strictement surveillés (il devra fournir tous les justificatifs) et intégrés dans le budget de la collectivité. Les régisseurs sont responsables sur leurs biens propres.

16. Réponse b. Les dotations sont des sommes d'argent versé par l'État aux collectivités en contrepartie du transfert de compétence.

17. Réponse b.

18. Réponse b.

19. Réponses b. et d. Tous les documents budgétaires peuvent être consultés par les citoyens.

20. Réponse a. La section fonctionnement et la section investissement et pour chacune, des recettes et des dépenses.

21. Réponse c. L'instruction budgétaire et comptable des collectivités est différente suivant le type collectivité puisqu'elles n'ont pas les mêmes recettes et les mêmes compétences, donc les mêmes dépenses, le plan comptable est forcément différent. La M14 pour les communes et les EPCI, la M52 pour les départements et la M71 pour les régions.

22. Réponse b.

Vrai-Faux

23. Faux. Comme tout le monde, cette personne morale est souvent obligée de recourir à l'emprunt pour acquérir des biens onéreux.

24. Faux. Le montant de l'impôt sur les revenus est une recette de L'État.

25. Faux. Il ne faut pas confondre dette et déficit. Les collectivités territoriales ont le droit d'emprunter (avoir une dette), mais les mensualités de remboursement ne doivent pas être supérieures à leur capacité de remboursement. Le déficit met le budget en déséquilibre : on doit plus que ce que l'on est capable de rembourser. Si l'État se permet un déficit, la loi l'interdit aux collectivités territoriales.

26. Vrai.

27. Vrai. On dit qu'il est l'ordonnateur.

28. Faux. Son budget doit être en équilibre comme pour les communes et les départements.

29. Vrai.

30. Vrai.

31. Faux. L'argent va à la commune s'il s'agit d'une crèche municipale, au département si c'est une crèche départementale.

32. Faux. C'est le comptable du Trésor qui est responsable sur ses biens propres de sa gestion des fonds publics. Pour cela il prend une assurance.

33. Vrai.

34. Faux. C'est un acte politique au sens étymologique du mot. Dans le sens de gestion du bien commun, nécessité de faire des choix parmi toutes les possibilités de gestion des services publics.

35. Vrai. Après vote du conseil et inscription sur le budget, elle peut subventionner des associations culturelles, sportives, humanitaires...

36. Faux. Il ne peut être voté que par l'assemblée délibérante. Le directeur financier de la collectivité ne peut émettre que des avis techniques sur la construction du budget.

37. Faux. Même remarque qu'à la question 2.

38. Faux. Le maire est l'ordonnateur, c'est le trésorier-payeur (ou comptable du Trésor) qui effectue concrètement le paiement par chèque ou virement.

39. Faux. Les sections fonctionnement et investissement sont indépendantes. L'équilibre est entre les recettes et les dépenses à l'intérieur de chaque section.

40. Vrai. L'État est en déficit. Il dépense plus qu'il n'a de recettes.

41. Faux. Cela veut dire que l'on ne peut engager une nouvelle dépense ou une nouvelle recette pour l'année en cours que lorsque le budget a été définitivement voté par le conseil.

42. Faux. La M14 est le plan comptable de toutes les communes de France, mais il existe un plan comptable pour tous les départements, la M52 et un autre pour toutes les régions, la M71. Cela se conçoit puisque chaque niveau de collectivité territoriale a bénéficié d'un transfert de compétences différent. Les recettes et les dépenses ne sont donc pas les mêmes.

43. Faux. Le comptable du Trésor élabore le compte de gestion. Le compte administratif est le document budgétaire qui reflète la réalité des comptes de la collectivité de l'année N-1.

44. Vrai. Cela permet à la collectivité d'adapter son budget primitif aux événements survenus en cours d'année.

45. Vrai. Si le préfet estime qu'un budget présente une irrégularité, et après échec d'une conciliation avec la collectivité, il peut demander à la chambre régionale des comptes de lui proposer un budget qui rétablisse la légalité des comptes. Ensuite il peut imposer à la collectivité ce budget légal. La collectivité est mise sous tutelle budgétaire de l'État.

46. Vrai. Toutefois, dans les limites déterminées par la loi.

LES COLLECTIVITÉS TERRITORIALES EN MOTS CROISÉS

Verticalement

1. Futur transport du Grand Paris
3. Requête
4. C'est lui qui détient le numéraire des collectivités
5. Toute personne publique y est soumise
6. C'est l'une des intercommunalités
7. Principe budgétaire des collectivités
10. Interdit pour les budgets des collectivités
10. Compétence principale des communes
13. Mutualisations de services
19. Acte pris par les conseils
21. Général, c'est un besoin de la population
22. Modalité d'attribution des compétences des collectivités

Horizontalement

A. Compétence principale des départements
A. Compétence petite enfance des départements
B. Souvent nécessaire pour boucler les budgets
D. Organe délibérant des régions
E. Mayotte en est un
F. Elle donne son avis sur les budgets
F. Compétence sociale des départements
H. En gestion directe, dite aussi en...
H. Elle remet l'équilibre en fin d'année budgétaire
H. Actes pris par l'exécutif
J. Principe d'organisation d'un service public
K. Charlemagne l'inventa, les communes l'ont en charge
M. Peut être maritime ou fluvial
M. Un des principes budgétaires
N. Adaptation
O. Conseil ou intérêt

Q. Organes de travail des conseils

Q. Il est l'ordonnateur des recettes et des dépenses

S. Sera la plus grosse structure intercommunale

T. Scrutin d'élection des conseils municipaux

CORRIGÉS

Les collectivités territoriales en mots croisés

	1	2	3	4	5	6	7	8	9	10	11	12	13	14	15	16	17	18	19	20	21	22	23
A	G					S	O	L	I	D	A	R	I	T	E								
B	R			P	M	I				E			N						D	E	T	T	E
C	A					V				F			T						E			R	
D	N				C	O	N	S	E	I	L	R	E	G	I	O	N	A	L			A	
E	D			D	O	M				C			R						I			N	
F	P				N					I			C	R	C				B		R	S	A
G	A				T					T			O						E			F	
H	R		R		R	E	G	I	E			D	M				A	R	R	E	T	E	S
I	I		E		O								M						A			R	
J	S		C		L		C	O	N	T	I	N	U	I	T	E			T			T	
K	E	C	O	L	E								N						I		I		
L	X		U				E			U			A						O		N		
M	P	O	R	T			Q			R			L					U	N	I	T	E	
N	R		S	R		M	U	T	A	B	I	L	I	T	E						E		
O	E			E			I			A			T				G	E	N	E	R	A	L
P	S			S			L			N			E								E		
Q	S		C	O	M	M	I	S	S	I	O	N	S			E	X	E	C	U	T	I	F
R				R			B			S													
S							R			M	E	T	R	O	P	O	L	E					
T			L	I	S	T	E			E													

PARTIE 3

La fonction publique

FICHE 15

Le statut de la fonction publique

OBJECTIFS

Pour votre concours, vous devez être capable de :

- Citer les trois fonctions publiques.
- Énoncer les points communs aux trois fonctions publiques.
- Dégager ce qui est spécifique à la fonction publique territoriale.
- Citer les conditions d'accès à la fonction publique.
- Faire le lien entre sa fonction et l'image du service public qu'elle renvoie aux usagers.
- Être capable d'énoncer pourquoi on souhaite entrer dans la fonction publique, au service de la population (en dehors des avantages que l'agent peut en tirer pour lui-même).
- Expliquer le principe de la séparation du grade et de l'emploi.

Définition

La fonction publique est l'ensemble des fonctionnaires qui travaillent dans les différentes administrations françaises. Ces administrations ont été scindées en trois groupes correspondants à trois spécificités d'administrations publiques :

- les administrations de l'État ;
- les collectivités territoriales et les établissements publics locaux ;
- les établissements publics hospitaliers.

Il en résulte trois fonctions publiques : la fonction publique d'État, la fonction publique territoriale et la fonction publique hospitalière.

Le statut

C'est l'ensemble des règles qui régissent la carrière des agents publics. Il est organisé en quatre titres : le 1er est commun à tous les fonctionnaires et les trois autres sont spécifiques aux agents travaillant dans les administrations des trois fonctions publiques.

Repères historiques

Loi du 13 juillet 1983 titre I	**Elle fixe les dispositions communes à l'ensemble des fonctionnaires.** On y trouve les conditions générales d'accès aux emplois publics ainsi que les droits et les obligations s'imposant à tous les fonctionnaires.
Loi du 11 janvier 1984 titre II	Elle fixe les conditions et les statuts particuliers des agents de la **fonction publique d'État.**
Loi du 26 janvier 1984 titre III	Elle fixe les conditions et les statuts particuliers des agents de la **fonction publique territoriale**.
Loi du 9 janvier 1986 titre IV	Elle fixe les conditions et les statuts particuliers des agents de la **fonction publique hospitalière**.
Loi du 19 février 2007	Elle met en place la formation tout au long de la vie.
Loi du 7 août 2019	Relative à la transformation de la fonction publique : dialogue social, gestion des ressources humaines, simplification du cadre de gestion des agents publics, mobilité et accompagnements des transitions professionnelles et renforcement de l'égalité professionnelle.

Ne pas confondre

Fonction publique, qui est l'ensemble des agents travaillant dans un service de l'État, une collectivité territoriale, ou un établissement public local ou hospitalier.

Service public, qui est l'activité qui répond à l'intérêt général et la structure qui prend en charge cette activité.

Conditions d'accès à la fonction publique

Cinq conditions de base :

1. Posséder la nationalité française ou celle d'un État membre de la communauté européenne.
2. Jouir de ses droits civiques.

3. Ne pas avoir subi de condamnation incompatible avec l'exercice des fonctions.
4. Être en position régulière au regard du service national et avoir participé à la journée défense et citoyenneté.
5. Remplir les conditions d'aptitude physique aux fonctions proposées.

À ces conditions de base peuvent s'ajouter des conditions spécifiques :

- justifier d'un diplôme professionnel pour exercer certains métiers (médecins, assistante sociale, auxiliaire de puériculture...) et avoir participé à la journée défense et citoyenneté ;
- justifier d'un diplôme général ou d'un niveau d'étude pour certains cadres d'emplois (bac ou diplôme équivalent pour les cadres d'emplois de la catégorie B et bac + 3 ou équivalent pour l'accès à la catégorie A). Dérogation pour les pères ou mères ayant élevé 3 enfants et les sportifs de haut niveau inscrits sur la liste du ministère ;
- être inscrit sur la liste d'aptitude d'un corps ou cadre d'emplois (à la suite d'un concours ou d'une promotion interne) ;
- parfois peuvent s'ajouter des conditions d'âge.

La séparation du grade et de l'emploi

Le grade est le titre qui confère à son titulaire vocation à occuper l'un des emplois qui lui correspond. Par exemple, rédacteur.

L'emploi correspond aux missions qui sont confiées à l'agent. Par exemple, comptable.

> **Exemple**
> Si l'emploi de comptable est supprimé, l'agent - titulaire de son grade de rédacteur - n'est pas licencié. Il doit lui être proposé un autre emploi, soit dans sa collectivité, soit chez un autre employeur public.

Le principe de la rémunération indiciaire

La rémunération de l'ensemble des fonctionnaires est calculée en référence à la valeur du point indiciaire. La valeur de ce point est donnée par l'État et est publiée au Journal officiel.

Chaque agent est recruté dans un grade auquel est associé un indice.

Cet indice est un nombre de points qu'il suffit de multiplier par la valeur du point donnée par l'État pour connaître le salaire de base, dit salaire indiciaire.

À ce salaire indiciaire peut s'ajouter un régime indemnitaire.

Éléments de comparaison

Tous les fonctionnaires sont soumis au Titre I :		
Principe d'égalité d'accès à l'emploi public Modalités de recrutement Droits et obligations Séparation du grade et de l'emploi...		
Fonction publique d'État	**Fonction publique territoriale**	**Fonction publique hospitalière**
2 400 000 agents	1 820 000 agents	1 000 000 agents
Soumis au Titre II	**Soumis au Titre III**	**Soumis au Titre IV**
Employeur unique.	Autant d'employeurs que de collectivités ou d'établissement publics locaux.	Employeurs multiples : hôpitaux, maisons de retraite, foyers de l'enfance...
Le recrutement par concours a pour conséquences :		
La nomination du candidat est acquise en cas de réussite au concours. L'inscription sur la liste d'aptitude se fait par ordre de mérite. Le lauréat choisit son poste.	La réussite ne vaut qu'inscription sur la liste d'aptitude. La nomination appartient à l'exécutif. La liste d'aptitude est établie par ordre alphabétique.	La nomination est acquise en cas de réussite au concours, elle appartient au directeur de chaque établissement.
Pour tous les fonctionnaires, les modalités de calcul du traitement sont identiques.		
Les échelles de rémunérations sont fixées pour chaque corps.	Les échelles de rémunérations sont fixées pour chaque cadre d'emplois.	Les échelles de rémunérations sont fixées pour chaque corps.

FICHE 16

Les droits et obligations des fonctionnaires

OBJECTIFS

Pour votre concours, vous devez être capable de :

- Citer les droits et obligations s'appliquant aux fonctionnaires.
- Donner des exemples concrets d'application de ces droits ou de ces obligations.

Les droits et obligations du fonctionnaire

La spécificité des missions des fonctionnaires, au service de l'intérêt général, implique des obligations, mais les protège aussi par des droits. Ces droits, comme ces obligations, s'appliquent au fonctionnaire durant son travail mais également en dehors de son travail.

Les droits des fonctionnaires

Des droits liés à l'exercice de leurs fonctions

- **La liberté d'opinion et la non-discrimination** (art. 6 et 6 bis de la loi du 13 juillet 1983).
- **Le droit à rémunération** (art. 20 de la loi du 13 juillet 1983), après services faits.
- **Le droit à la mobilité** (loi n° 2009-972 du 3 août 2009) permet de construire un parcours professionnel cohérent et enrichissant qui réponde aux aspirations des fonctionnaires et aux besoins des services.
- **Le droit à l'accès à son dossier individuel**.
- **Le droit à congés** : annuels, maladie, maternité, formation...
- **Le droit à protection** (art. 11 de la loi du 13 juillet 1983) contre les menaces ou outrage.

- **Le droit à la protection** de la santé et à l'intégrité physique.
- **Le droit à protection** contre le harcèlement sexuel ou moral et les agissements sexistes.
- **Le droit à la formation tout au long de la vie** (art. 22 de la loi du 13 juillet 1983, modifié par la loi du 2 février 2007).
- **Le droit à fonctions électives** (loi du 27 février 2002). Un congé pour se présenter aux élections locales et un crédit d'heures selon les fonctions exercées.
- **Le droit de retrait** en cas de danger grave et imminent.
- **Le droit à protection** des lanceurs d'alerte (loi du 2 avril 2016).

En qualité de citoyens, les fonctionnaires jouissent des libertés publiques

Toutefois, certaines libertés publiques se voient limitées.

- **La liberté d'opinion**. Les fonctionnaires et agents non titulaires sont libres d'adhérer au parti politique ou au syndicat de leur choix, d'adopter la religion, croyance ou philosophie de leur choix, et d'en changer librement. Ce droit est toutefois limité par l'obligation de réserve.
- **Le droit syndical** (art. 8 et 21 de la loi du 13 juillet 1983). Droit d'adhésion comme droit de représentation.
- **Le droit de grève** (art. 10 de la loi du 13 juillet 1983). Dans le cadre des dispositions légales.
- **Le droit de participation** (art. 9 de la loi du 13 juillet 1983). Par l'intermédiaire de leurs représentants aux organismes consultatifs et à l'organisation et au fonctionnement des services publics.

Les obligations des fonctionnaires

Les obligations professionnelles

- **L'obligation de servir** (art. 25 de la loi du 13 juillet 1983) impose de travailler personnellement pour son employeur et le nombre d'heures correspondants à son arrêté de recrutement.
- **L'obligation d'obéissance hiérarchique** (art. 28 de la loi du 13 juillet 1983).

Important

Le devoir de désobéissance n'intervient que si l'ordre est manifestement illégal et compromet gravement un intérêt public ou la vie de quelqu'un. Ces deux conditions sont cumulatives.

- **L'obligation de formation**. Depuis le 1er juillet 2008, tous les fonctionnaires territoriaux ont l'obligation de participer à un certain nombre de jours de formation, dites « formations statutaires obligatoires ».
- **L'obligation d'information du public**. Dans les règles du droit d'accès aux documents.

Les obligations morales

- **Le secret professionnel** (art. 26 de la loi du 13 juillet 1983). Il s'applique à tous les fonctionnaires qui peuvent être amenés à voir, lire, entendre, constater ou comprendre un objet concernant un individu, un secret scientifique ou une procédure relevant du secret.
- **L'obligation de réserve**. Atténue quelque peu la liberté d'opinion. Il s'agit d'avoir de la réserve quant à la manifestation de son opinion.
- **La discrétion professionnelle**. Elle concerne des faits de service (dysfonctionnement...) qu'il s'agit de ne pas divulguer.
- **L'obligation de désintéressement** (art. 25 de la loi du 13 juillet 1983). Elle prévient la corruption du fonctionnaire active ou passive, le trafic d'influence, la soustraction ou le détournement de biens.
- **L'obligation de loyauté** envers son employeur.

Important

Toute faute commise par un fonctionnaire l'expose à des sanctions disciplinaires

La responsabilité du fonctionnaire

La responsabilité est un principe selon lequel chacun doit répondre des conséquences de ses actes ou de ses omissions. La faute peut être de service ou personnelle. La responsabilité peut être civile, pénale, disciplinaire ou ordinale.

La faute

Faute de service	Faute personnelle
Commise par l'agent mais dans le cadre de ses fonctions, elle n'engage pas sa responsabilité personnelle (erreur sur un document, mauvaise utilisation d'un matériel...).	Quand il y a intention de nuire ou quand la faute présente une gravité inadmissible ou inexcusable (violence, injures ou diffamations...).

Les différentes responsabilités

Responsabilité civile	Elle vise à réparer le non-respect d'une obligation ou d'un devoir envers autrui et à indemniser une victime. C'est l'obligation de réparer le dommage ou préjudice que l'on a causé à autrui, soit pécuniairement soit en nature.
Responsabilité pénale	Elle implique un recours par l'État contre trouble à l'ordre public et renvoie à la punition ou à l'amendement de l'individu qui commet une infraction. Elle peut aboutir à une condamnation de l'auteur avec amende, emprisonnement... Il y a jugement par un tribunal au nom de la société.
Responsabilité ordinale	Elle concerne les rapports entre certains professionnels, les usagers et leurs pairs : ordre des médecins, des avocats, des architectes... Le conseil de l'ordre défend les intérêts de la profession mais a aussi une fonction juridictionnelle, avec un conseil disciplinaire. L'ordre professionnel préconise une sanction pour faute de déontologie.
Responsabilité disciplinaire	Elle se rapporte aux relations entre l'agent et son employeur. Le pouvoir disciplinaire appartient à l'autorité territoriale ayant pouvoir de nomination. La commission administrative paritaire (CAP) va émettre un avis sur la reconnaissance de la faute et la détermination de la sanction.

Les sanctions disciplinaires

Il existe une échelle des sanctions regroupées en quatre groupes :

1er groupe	**L'avertissement :** observation écrite ne figurant pas au dossier. **Le blâme** est inscrit au dossier de l'agent. **L'exclusion temporaire de 3 jours maximum** : l'agent ne se rend pas à son travail. Elle est privative de rémunération.
2e groupe	**L'abaissement d'échelon** : rétrogradation d'un ou de plusieurs échelons indiciaires. **L'exclusion temporaire de 4 à 15 jours.**
3e groupe	**La rétrogradation :** passage à un ou plusieurs grades inférieurs au sein d'un même cadre d'emplois. **L'exclusion temporaire de 16 jours à 6 mois.**
4e groupe	**La mise à la retraite d'office :** l'agent conserve des droits à pension dont il bénéficiera à sa retraite à condition d'avoir au moins 15 ans d'affiliation. Possibilité de percevoir des allocations pour perte d'emploi. **La révocation :** radiation définitive des cadres, l'agent perd la qualité de fonctionnaire. Il peut percevoir des allocations pour perte d'emploi.

La suspension

En cas de faute grave, l'autorité territoriale peut suspendre l'agent. C'est une mesure conservatoire visant à écarter le fonctionnaire du service dans l'attente de la décision concernant la sanction disciplinaire. L'agent ne se présentera pas à son travail mais continuera à percevoir son traitement.

Important

La responsabilité civile ou administrative entraîne une réparation (dommage et intérêts).

La responsabilité pénale, disciplinaire ou ordinale, entraîne une sanction.

Pour qu'il y ait infraction légale, il faut apporter la preuve :

- d'un élément légal : infraction par rapport à un texte de droit ;
- d'un élément matériel : une faute dans le comportement ou le résultat ;
- d'un élément moral : une faute intentionnelle ou non (négligence, imprudence, maladresse ou inobservation des règlements).

17 FICHE

Le déroulement de carrière d'un agent de la fonction publique territoriale

OBJECTIFS

Pour votre concours, vous devez être capable de :

- Définir la notion de cadre d'emplois, de filière, de catégorie et de grade.
- Faire la distinction entre cadre d'emplois et métier.
- Énoncer qui est ou serait votre employeur et votre supérieur hiérarchique.
- Énoncer les étapes d'avancement de la carrière d'un agent.
- Différencier les différentes positions que peut avoir un fonctionnaire et en donner les différences.

Définition

« L'accès à l'emploi public » est un principe constitutionnel, le concours en constitue la règle. Ensuite, la carrière du fonctionnaire va suivre quelques règles.

Les concours

Il y a trois types de concours :

Le concours externe

Ouvert à tous avec, pour chaque cadre d'emplois, des conditions particulières notamment de diplôme.

Le concours interne

Ouvert aux fonctionnaires justifiant de certaines conditions de services, favorisant la promotion sociale.

Le concours 3e voie

Ouvert aux candidats justifiant, sous certaines conditions, d'un mandat d'élu ou de l'exercice d'activités accomplies en qualité de responsable dans une association.

Le déroulement de la carrière

Le recrutement

La réussite au concours permet l'inscription sur la liste d'aptitude.

Dans la fonction publique territoriale (FPT), seul l'accès à 6 cadres d'emplois de catégorie C est possible sans concours. Le lauréat du concours inscrit sur la liste d'aptitude, proposera sa candidature auprès des collectivités ayant déclaré un poste vacant. Le choix et pouvoir du recrutement appartient à chaque exécutif de collectivité ou d'établissement local.

La liste d'aptitude est valable deux ans, renouvelable deux fois un an.

Le stage

C'est une période d'essai pour tout agent intégrant un cadre d'emplois. Cette durée peut être prolongée d'un an maximum si le stage n'est pas probant.

La titularisation

Elle intervient à l'issue du stage et est prononcée par l'exécutif de la collectivité employeuse.

L'évaluation du travail

Il s'agit de reconnaître et développer les compétences de l'agent au service du projet de la collectivité. Elle permet aussi à l'agent d'être acteur de son poste et de son évolution professionnelle.

L'avancement

Chaque cadre d'emplois se décompose en un ou plusieurs grades, auxquels sont associées des échelles indiciaires de rémunération. Ces échelles comportent des échelons auxquels sont associés des indices croissants.

L'avancement d'un échelon à l'autre est automatique.

L'avancement d'un grade à l'autre, proposant des échelles de rémunération supérieures, ne s'effectuera que sous conditions : ancienneté ou examen professionnel.

L'avancement de cadre d'emplois peut s'effectuer par concours ou par promotion interne, c'est-à-dire au choix de la collectivité, sous certaines conditions.

La cessation de fonction

En général, elle s'effectue par le départ à la retraite, mais peut être aussi une démission, un licenciement ou la révocation.

Les positions administratives

Ce sont les situations où peut être placé l'agent durant une période précise. Hors la position d'activité, ce sont des positions provisoires.

Position d'activité	Date de début : le recrutement. Date de fin : le départ de la fonction publique.
Congé parental	Congé à temps plein ou à mi-temps qui s'arrête au troisième anniversaire de l'enfant.
Mise à disposition	La carrière de l'agent est toujours gérée par son employeur d'origine, mais il travaille pour le compte d'une autre personne publique, le CCAS par exemple.
Disponibilité	Congé sans solde et d'une durée limitée. Il permet de mettre sa carrière entre parenthèses. Par exemple : pour suivre son conjoint, pour élever son enfant jusqu'à son huitième anniversaire, pour convenance personnelle (partir travailler dans le secteur privé)…
Détachement	Il permet à un fonctionnaire d'aller travailler dans une autre fonction publique : de la territoriale vers l'État ou de la territoriale vers l'hospitalier. Sa durée est limitée en attentant soit l'intégration définitive dans l'autre fonction publique, soit sa réintégration dans sa fonction publique d'origine, dans la limite des postes vacants.

Attention

La mutation n'est pas une position administrative.

Le changement d'employeur s'effectue au sein de la même fonction publique et il est définitif. Par exemple, un agent municipal est recruté dans un conseil départemental ou un EPCI.

FICHE 18

Les organismes participatifs de la fonction publique

OBJECTIFS

Pour votre concours, vous devez être capable de :

- Citer des principaux établissements publics relevant de la fonction publique territoriale.
- Citer les trois organes participatifs de la fonction publique et leurs attributions.
- Attribuer les principales compétences ces trois organes participatifs de la fonction publique.

Définition

Si le pouvoir de décision appartient aux collectivités, des organismes intercollectivités permettent un minimum de coordination ou de soutien.

Organes nationaux de la FPT

Le Conseil supérieur de la fonction publique territoriale (CSFPT)

Organe paritaire il est composé pour moitié de membres élus représentants les collectivités territoriales employeuses et pour moitié de membres désignés par les syndicats pour représenter les agents territoriaux. Il est consulté par le gouvernement pour avis sur toutes questions intéressant la FPT, mais il peut aussi émettre des propositions notamment en matière statutaire.

Le Centre nationale de la fonction publique territoriale (CNFPT)
Organisme également paritaire. Établissement public national, principalement chargé de la formation des fonctionnaires territoriaux. Il organise 4 concours de catégorie A+. Il a également 28 délégations régionales.

Les centres de gestion (CDG)
Organismes non paritaires, ils organisent principalement tous les autres concours territoriaux. Ils assurent également la publicité des créations et vacances d'emplois, tiennent la bourse de l'emploi. Ils assurent le fonctionnement des CAP et conseils de disciplines des collectivités affiliées.

En Île-de-France, les CDG sont remplacés par des centres interdépartementaux de gestion (CIG)

Organes locaux de participation

Commission administrative paritaire (CAP)	Consultée pour avis sur les situations individuelles des agents : recours à notation, conseil de discipline, licenciements...
Comité technique (CT)	Consulté pour l'organisation et le fonctionnement collectif des agents : horaire, temps de travail, régime indemnitaire, plan de formation...
Comité d'hygiène, de sécurité et des conditions de travail (CHSCT)	Consulté sur tout ce qui touche à l'hygiène, aux maladies professionnelles, accidents de travail...

La loi de transformation de la fonction publique du 6 août 2019 va modifier la structure et les compétences de ces organes locaux. La mise en application de ces réformes interviendra progressivement jusqu'en 2023.

ENTRAÎN… …T

QCM

1 Le statut …
- ❑ **a.** Est l'e… …public
- ❑ **b.** Est l'e… …e des fonctic…
- ❑ **c.** Est l'ens…

2 Le Titre I du st…
- ❑ **a.** Ne s'adre…
- ❑ **b.** Ne s'adres…
- ❑ **c.** Concerne tc… …hospitaliers
- ❑ **d.** Contient les … accès à l'emploi public
- ❑ **e.** Contient les s… …rticuliers de chaque cadre d'emplois

3 L'accès à la fonction publique territoriale s'effectue :
- ❑ **a.** Exclusivement par concours
- ❑ **b.** Par recommandation
- ❑ **c.** Par concours ou, dans certains cas, par recrutement direct

4 Il existe trois fonctions publiques
- ❑ **a.** La fonction publique d'État
- ❑ **b.** La fonction publique ministérielle
- ❑ **c.** La fonction publique communale
- ❑ **d.** La fonction publique territoriale
- ❑ **e.** La fonction publique hospitalière
- ❑ **f.** La fonction publique préfectorale

5 Les conditions générales pour avoir la qualité de fonctionnaire territorial sont :

- ❑ **a.** Plus nombreuses que celles concernant les fonctionnaires de l'État
- ❑ **b.** Les mêmes que pour les fonctionnaires de l'État
- ❑ **c.** Limitativement énumérées dans la loi du 2 mars 1982
- ❑ **d.** Notamment la jouissance des droits civiques et l'absence de condamnation incompatible avec l'exercice des fonctions

6 Les adjoints administratifs constituent :

- ❑ **a.** Un poste
- ❑ **b.** Une filière
- ❑ **c.** Un cadre d'emplois
- ❑ **d.** Un corps

7 Dans la fonction publique territoriale, la séparation du grade et de l'emploi signifie que :

- ❑ **a.** Dans les 15 jours qui suivent sa réussite à un concours, un fonctionnaire doit choisir entre le grade et l'emploi
- ❑ **b.** En cas de suppression d'emploi, un fonctionnaire demeure titulaire de son grade
- ❑ **c.** En cas de suppression de grade, un fonctionnaire demeure titulaire de son emploi

8 Les titres II, III et IV de la fonction publique :

- ❑ **a.** Contiennent les particularités statutaires des agents travaillant dans l'une ou l'autre des trois fonctions publiques
- ❑ **b.** Contiennent respectivement les droits et obligations des fonctionnaires, les différents cadres d'emplois et les principes de la rémunération des fonctionnaires
- ❑ **c.** Font référence aux agents stagiaires, titulaires ou contractuels

9 Quand un agent est fonctionnaire titulaire dans une fonction publique :

- ❑ **a.** Il devra repasser un concours pour être titularisé dans une autre fonction publique
- ❑ **b.** Il devra repasser par une période de stage dans l'autre fonction publique
- ❑ **c.** Sa qualité de fonctionnaire titulaire est reconnue quelle que soit la fonction publique

10 Le statut de la fonction publique territoriale date :
- ❑ **a.** Du 13 juillet 1983
- ❑ **b.** Du 11 janvier 1936
- ❑ **c.** Du 26 janvier 1984

11 Sont considérés comme des agents publics :
- ❑ **a.** Les fonctionnaires stagiaires ou titulaires
- ❑ **b.** Les salariés en CDD ou CDI d'une entreprise privée mais, suite à procédure de marché public, travaillant pour le compte d'une collectivité territoriale
- ❑ **c.** Les salariés en CDD ou CDI travaillant dans un établissement public
- ❑ **d.** Les agents en CDD ou CDI travaillant dans une collectivité territoriale

12 Pour accéder à la fonction publique, il faut :
- ❑ **a.** Posséder la nationalité française
- ❑ **b.** Jouir de ses droits civiques
- ❑ **c.** Avoir un casier judiciaire vierge
- ❑ **d.** Avoir fait son service militaire ou avoir participé à la journée défense et citoyenneté
- ❑ **e.** Remplir des conditions d'aptitude physique aux fonctions proposées

13 La loi du 19 février 2007 :
- ❑ **a.** Met en place la formation tout au long de la vie des fonctionnaires
- ❑ **b.** N'autorise pas le DIF dans la fonction publique territoriale
- ❑ **c.** Impose des jours de formation obligatoire pour tous les fonctionnaires
- ❑ **d.** N'autorise pas le compte personnel d'activité dans la fonction publique

14 Le CPA :
- ❑ **a.** Veut dire compte professionnel d'activité
- ❑ **b.** Veut dire compte personnel d'activité
- ❑ **c.** Est en place depuis le 1er janvier 2017
- ❑ **d.** Le DIF y a été transféré d'office
- ❑ **e.** Il n'est pas transférable du privé vers le public et inversement

ENTRAÎNEMENT

15 Les points communs aux trois fonctions publiques :
- ❑ **a.** Sont énoncés dans le titre I du statut de la fonction publique
- ❑ **b.** Sont énoncés dans la loi du 12 juillet 1984
- ❑ **c.** Portent sur les conditions d'accès à la fonction publique et le principe du concours
- ❑ **d.** Portent sur les droits et obligations des fonctionnaires
- ❑ **e.** Portent sur le principe du salaire indiciaire des fonctionnaires
- ❑ **f.** Inclus le principe d'un régime indemnitaire obligatoire

16 La fonction publique territoriale compte :
- ❑ **a.** 8 filières, une cinquantaine de cadres d'emplois et plus de 250 métiers
- ❑ **b.** 12 filières, une centaine de cadres d'emplois et plus de 600 métiers
- ❑ **c.** Environ 1 700 000 agents titulaires et non titulaires
- ❑ **d.** Environ 5 000 000 agents titulaires et non titulaires

17 Sont agents de la fonction publique territoriale, notamment :
- ❑ **a.** Les gardiens de police municipale
- ❑ **b.** Les adjoints techniques territoriaux
- ❑ **c.** Les agents hospitaliers

18 Les personnels techniciens, ouvriers et de services (TOS) des lycées dépendent :
- ❑ **a.** De l'État
- ❑ **b.** De la région
- ❑ **c.** Du département
- ❑ **d.** De la commune

19 Le candidat qui réussit un concours d'accès à la fonction publique territoriale :
- ❑ **a.** Est automatiquement nommé à un poste en fonction de son rang de classement
- ❑ **b.** Est inscrit sur une liste d'aptitude qui lui donne vocation à être nommé par un employeur territorial
- ❑ **c.** N'a plus le droit de se présenter à aucun concours pendant 3 ans
- ❑ **d.** Est, s'il occupe déjà un poste, automatiquement promu
- ❑ **e.** Est, lorsqu'il n'a pas d'employeur, rémunéré dès sa réussite au concours

20 Pour passer un concours externe d'un cadre d'emplois de catégorie B, il faut au minimum :

- ❑ **a.** Le brevet des collèges ou un diplôme équivalent
- ❑ **b.** Le baccalauréat ou un diplôme équivalent
- ❑ **c.** Une licence ou un diplôme équivalent
- ❑ **d.** Aucun diplôme pour les pères et mères ayant élevé trois enfants

21 L'avancement d'échelon permet :

- ❑ **a.** Une évolution de la rémunération
- ❑ **b.** Une évolution de responsabilité
- ❑ **c.** Une évolution de grade
- ❑ **d.** Un changement de cadre d'emplois

22 Le licenciement dans la fonction publique :

- ❑ **a.** Est possible dans certains cas
- ❑ **b.** N'existe pas dans le statut de la fonction publique
- ❑ **c.** N'est possible que pour les agents sous contrats.

Vrai-Faux

23 Au bout d'un an, un fonctionnaire stagiaire est automatiquement titularisé. ❑ **Vrai** ❑ **Faux**

24 C'est le président du conseil départemental qui décide du temps à passer dans un échelon avant de passer à l'échelon suivant. ❑ **Vrai** ❑ **Faux**

25 Le salaire indiciaire suit l'évolution du CAC 40. ❑ **Vrai** ❑ **Faux**

26 Dans une commune, le régime indemnitaire est voté par le conseil municipal. ❑ **Vrai** ❑ **Faux**

27 Il existe trois fonctions publiques : la fonction publique d'État, la fonction publique communale et la fonction publique hospitalière. ❑ **Vrai** ❑ **Faux**

28 Dans la fonction publique territoriale, la réussite à un concours ne vaut pas recrutement. ❑ **Vrai** ❑ **Faux**

29 Les conditions générales d'accès à la fonction publique sont les mêmes pour les trois fonctions publiques. ❑ **Vrai** ❑ **Faux**

30 Pour entrer dans la fonction publique, il est nécessaire que l'extrait n° 2 du casier judiciaire soit vierge. ❑ **Vrai** ❑ **Faux**

31 Un concours sur titre signifie qu'il faut posséder un diplôme spécifique pour passer ce concours. ❑ **Vrai** ❑ **Faux**

32 Les fonctionnaires de l'État sont plus nombreux que les fonctionnaires territoriaux. ❑ **Vrai** ❑ **Faux**

33 Le statut de la fonction publique territoriale date de 1984. ❑ **Vrai** ❑ **Faux**

34 Dans une commune, le maire recrute les agents. ❑ **Vrai** ❑ **Faux**

35 Dans une crèche municipale, la directrice de la crèche recrute le personnel et signe leur arrêté de nomination. ❑ **Vrai** ❑ **Faux**

36 Un conseiller départemental peut signer un arrêté de recrutement d'un agent. ❑ **Vrai** ❑ **Faux**

37 Le cadre d'emplois des agents de maîtrise appartient à la filière technique. ❑ **Vrai** ❑ **Faux**

38 Le cadre d'emploi des auxiliaires de puériculture n'appartient pas à la catégorie B. ❑ **Vrai** ❑ **Faux**

39 Un fonctionnaire privé de son emploi est également privé de son grade. ❑ **Vrai** ❑ **Faux**

40 On ne peut pas recruter un candidat présentant un handicap. ❑ **Vrai** ❑ **Faux**

41 Un grade confère à son titulaire vocation à occuper l'un des emplois qui lui correspond. ❑ **Vrai** ❑ **Faux**

42 Suite à un concours territorial, la liste d'aptitude des lauréats est publiée par ordre alphabétique. ❑ **Vrai** ❑ **Faux**

43 La liste d'aptitude est valable deux ans. ❑ **Vrai** ❑ **Faux**

44 Les catégories A, B, et C sont des catégories hiérarchiques. ❑ **Vrai** ❑ **Faux**

45 En France, un ressortissant de l'Union européenne peut, sous certaines conditions, devenir fonctionnaire. ❑ **Vrai** ❑ **Faux**

CORRIGÉS

Le statut de la fonction publique

QCM

1. **Réponse b.** C'est l'équivalent pour les agents de la fonction publique du droit du travail pour les salariés du privé.

2. **Réponses c et d.**

3. **Réponse c.** Il n'existe que 6 cadres d'emplois de catégorie C que l'on peut intégrer sans concours, au premier grade de ce cadre d'emplois.

4. **Réponses a, d et e.**

5. **Réponses b et d.**

6. **Réponse c.**

7. **Réponse b.** Le titre I du statut de la fonction publique (loi du 13 juillet 1983) énumère des principes communs à tous les fonctionnaires, quels que soit leur employeur et notamment le principe de séparation du grade et de l'emploi. Contrairement au secteur privé, le fonctionnaire est titulaire de son grade d'adjoint administratif, mais pas de son emploi dans tel ou tel service. Le titre I contient aussi les cinq conditions générales d'accès à l'ensemble des trois fonctions publiques : des conditions de nationalité française ou européenne, la jouissance de ses droits civiques, ne pas avoir subi de condamnation incompatible avec l'exercice des fonctions, être en position régulière au regard du service national et remplir les conditions d'aptitude physique. Se trouve aussi dans le titre I les droits et obligations des fonctionnaires et le principe de rémunération au point indiciaire.

8. **Réponse a.** Les titres II, III et IV contiennent les statuts particuliers et les conditions particulières appliquées dans chacune des trois fonctions publiques.

9. **Réponse c.**

10. **Réponse c.**

11. Réponses a, c et d. Est considérée comme « agent public » toute personne exerçant une mission de service public, recrutée suite à un concours, en CDD ou en CDI, dans un établissement public, l'État ou une collectivité territoriale. Au sens large du terme l'agent public peut ne pas être fonctionnaire. Dans ce cas, il exerce des missions de service public mais son déroulement de carrière obéit aux règles du droit du travail du privé. Exemple : les cheminots de la SNCF, les agents de l'EDF ou des CPAM. En cas de litige ces agents s'adressent au tribunal des prud'hommes. Le fonctionnaire a été recruté sur les règles du statut de la fonction publique suite à concours ou en recrutement direct. Il est stagiaire puis a vocation à devenir titulaire. En cas de litige, le fonctionnaire s'adresse au tribunal administratif.

12. Réponses b et e. Les cinq conditions générales d'accès à l'emploi public sont : posséder la nationalité française ou celle d'un pays de l'espace européen. Le casier judiciaire n'a pas besoin d'être vierge, mais la mention qui peut y être portée ne doit pas être incompatible avec les fonctions que l'on souhaite proposer au candidat. Il est nécessaire de jouir de ses droits civiques (ne pas en avoir été déchu par le juge). Il faut être en règle avec le service national, donc ne pas être déserteur. Pour les plus de 25 ans il n'est plus nécessaire de présenter sa feuille de présence à la journée citoyenne. Un certificat d'un médecin assermenté n'indiquera pas de contre-indication entre l'état de santé du candidat et les fonctions qui sont envisagées de lui proposer.

13. Réponses a et c.

14. Réponses b, c et d. Le compte personnel d'activité a été ouvert pour chaque agent au 1er janvier 2017. Il est constitué du compte personnel de formation (CPF) qui se substitue au DIF. Le CPF permet d'acquérir 24 h de formation par an jusqu'à 120 h, puis 12 h/an jusqu'à 150 h. Et du compte d'engagement citoyen (CEC) qui permet d'obtenir des droits à formation supplémentaire en reconnaissance d'activités bénévoles et de volontariat.

15. Réponses a, c, d et e. Ils sont énoncés dans la loi du 13 juillet 1983. Quant au régime indemnitaire, il est facultatif

16. Réponses a et c.

17. Réponses a et b. Les agents hospitaliers appartiennent à la fonction publique hospitalière.

18. Réponse b. Suite à l'acte II de la décentralisation, les personnels d'entretien des lycées sont passés sous gestion des régions tout comme les personnels d'entretien des collèges sont passés sous gestion des départements.

19. Réponse b. Contrairement à la fonction publique de l'État où le lauréat est directement nommé sur un poste, dans la fonction publique territoriale, la réussite à concours ne vaut qu'inscription sur la liste d'aptitude. Il convient ensuite au lauréat de faire acte de candidature auprès des collectivités ou les établissements publics locaux pour trouver un poste où l'employeur estime que les compétences du lauréat se rapprochent le plus des compétences attendues sur le poste qu'il a déclaré vacant.

20. Réponses b. et d. Pour les pères et mères ayant élevé au moins trois enfants et les sportifs de hauts niveaux (inscrits sur une liste du ministère des ports), il n'est effectivement pas nécessaire de présenter le baccalauréat pour se présenter à un concours de catégorie B. Toutefois, les épreuves étant anonymes, les candidats doivent avoir les acquis, les connaissances et les compétences attendues pour ce niveau de concours.

21. Réponse a.

22. Réponse a.

Vrai-Faux

23. Faux. L'année de stage est une période d'essai. À l'issue de cette période d'essai, un rapport du supérieur hiérarchique évalue le travail de l'agent et donne un avis favorable ou non à sa titularisation. Le chef du personnel étant l'exécutif de la collectivité, lui seul pourra prendre l'arrêté de titularisation. Si la qualité du travail n'est pas à la hauteur de ce que l'on est en droit d'attendre d'un agent de ce grade sur ce type de poste, le supérieur peut proposer une prolongation de la période de stage qui peut aller jusqu'à une année supplémentaire. Si à l'issue de cette nouvelle période, l'évaluation est positive, le supérieur hiérarchique proposera la titularisation. Si l'évaluation est négative, alors il pourra être proposé soit le licenciement de l'agent s'il n'était pas titulaire d'un autre cadre d'emplois précédemment. Soit sa réintégration dans son ancien cadre d'emplois.

24. Faux. Il est tenu de se référer aux échelles indiciaires propres à chaque grade dans chaque cadre d'emploi défini dans le statut. Toutefois, le statut de la fonction publique territoriale, prévoit une marge de manœuvre avec un temps minimum et un temps maximum dans chaque échelon. L'exécutif peut donc décider, après avis du CT, de mettre en place dans sa collectivité soit le temps minimum pour tous les agents, soit le temps maximum, soit un temps intermédiaire.

25. Faux. Le salaire indiciaire est le résultat de la multiplication de son indice par la valeur du point. Cette valeur est donnée par l'État et est unique pour les 5 millions de fonctionnaires, quel que soit leur employeur.

26. Vrai. Si la valeur du point indiciaire est unique et nationale, le régime indemnitaire est facultatif. Sa mise en place nécessitant un prélèvement sur le budget de la collectivité, seule l'assemblée délibérante, qui a la main sur le vote du budget, votera, à la demande de l'exécutif, le régime indemnitaire à mettre en place dans la collectivité.

27. Faux. La fonction publique d'État, la fonction publique territoriale et la fonction publique hospitalière.

28. Vrai. La réussite à concours permet d'être inscrit sur la liste d'aptitude. Effectivement, il revient à chaque lauréat de se rapprocher des collectivités qui ont déclaré un poste vacant. Il n'est pas question d'imposer un lauréat à une collectivité. La collectivité choisit le candidat qui possède les compétences correspondant à celles attendues sur le poste qu'elle a déclaré vacant.

29. Vrai. Elles sont inscrites dans le titre I. À ces conditions générales peuvent s'ajouter des conditions particulières, comme un diplôme professionnel (diplôme d'infirmière pour passer le concours d'infirmière) ou des conditions d'âge (moins de 25 ans pour passer le concours de sapeur-pompier) par exemple.

30. Faux. Toutefois, la mention qui peut y être inscrite ne doit pas être incompatible avec les fonctions qui seraient proposées au candidat (une condamnation pour conduite en état d'ivresse ne devrait pas permettre le recrutement d'un candidat sur l'emploi de chauffeur du car scolaire !).

31. Vrai. C'est le cas notamment de tous les concours permettant l'accès aux métiers médicaux et paramédicaux ou sociaux. L'administration vérifie avant de faire passer le concours que le candidat possède bien le diplôme nécessaire pour exercer le métier convoité.

32. Vrai. Environ 2 400 000 agents à l'État (dont la majorité est des enseignants), 1 800 000 agents territoriaux et 1 000 000 agents hospitaliers.

33. Vrai. Il date du 26 janvier 1984.

34. Vrai. Le maire est le supérieur hiérarchique du personnel. Concrètement, dans les grosses collectivités, cette responsabilité est déléguée à une direction des ressources humaines. Toutefois, l'arrêté de nomination est bien signé par le maire ou par délégation du maire qui en garde toute la responsabilité.

35. Faux. Idem ci-dessus.

36. Faux. Dans un département c'est le président du conseil départemental qui est l'employeur et le signataire des arrêtés de recrutement.

37. Vrai.

38. Vrai.

39. Faux. Cela fait partie des garanties du fonctionnaire : il est titulaire de son grade (technicien, rédacteur, ingénieur...) mais pas de son emploi (secrétaire dans tel service, avec telles missions). Si le service ferme, il reste fonctionnaire. Il lui sera proposé un autre emploi soit dans la même collectivité si elle en a la possibilité, soit dans une autre collectivité ou service public.

40. Faux. Au contraire, la loi n'oblige pas que les entreprises privées, mais aussi les personnes publiques à employer des personnes présentant un handicap. Toutefois certains handicaps peuvent interdire certaines fonctions.

41. Vrai. Il y a 51 cadres d'emplois comprenant un ou plusieurs grades et environ 250 métiers. Sur le grade d'adjoint technique il peut y avoir les emplois (ou métiers) de maçon, égoutier, plombier, cuisinier...

42. Vrai. Ainsi aucun lauréat ne peut se prévaloir d'être le meilleur. À chacun de se rapprocher des collectivités employeuses ayant déclaré un poste vacant dans le cadre d'emplois du concours. La collectivité cherchera à recruter le lauréat dont les compétences correspondent le mieux aux compétences attendues sur le poste vacant.

43. Vrai. Toutefois, si le lauréat n'a pas été recruté dans une collectivité dans les deux ans suivants son inscription, il peut demander à renouveler son inscription pour une année supplémentaire, voire une dernière année. Mais passé ces quatre années d'inscription, s'il n'a pas pu être recruté par une collectivité ou un établissement public local, il perd le bénéfice du concours.

44. Vrai. Les agents des cadres d'emplois de catégorie A sont hiérarchiquement supérieurs aux agents de catégorie B qui eux-mêmes sont supérieurs à ceux de catégorie C.

45. Vrai. La fonction publique française est ouverte aux ressortissants européens.

CORRIGÉS

Les cadres d'emplois de la fonction publique territoriale

Filières		Catégorie A	Catégorie B	Catégorie C
Administrative		Administrateur Attaché Secrétaire de mairie	Rédacteur	Adjoint administratif*
Technique		Ingénieur	Technicien	Agent de maîtrise Adjoint technique Adjoint technique des établissements d'enseignement*
Culturelle	Patrimoine et bibliothèques	Conservateur du patrimoine Conservateur de bibliothèques Attaché de conservation du patrimoine Bibliothécaire	Assistant de conservation	Adjoint du patrimoine*
Culturelle	Enseignement artistique	Directeur d'établissement d'enseignement artistique Professeur d'établissement d'enseignement artistique	Assistant spécialisé d'établissement d'enseignement artistique	
Médico-sociale	Médico-sociaux	Médecin Sage-femme Cadre de santé infirmier, et techniciens paramédicaux Infirmier en soins généraux Psychologue Puéricultrice, cadre de santé Puéricultrice	Infirmier (cadre d'emplois en voie d'extinction)	Auxiliaire de puériculture Auxiliaire de soins

Médico-sociale	**Sociaux**	Conseiller socio-éducatif	Assistant socio-éducatif Moniteur-éducateur et intervenants familiaux Éducateur de jeunes enfants	Agent spécialisé des écoles maternelles Agent social*
	Médico-techniques	Biologiste, Vétérinaire, Pharmacien	Technicien paramédical	
Sportive		Conseiller des activités physiques et sportives	Éducateur des activités physiques et sportives	Opérateur des activités physiques et sportives
Animation			Animateur	Adjoint d'animation*
Sapeurs-pompiers professionnels		Colonel, Lieutenant-colonel, Commandant, Capitaine de SPP Médecin, Pharmacien de SPP Infirmier d'encadrement de SPP	Lieutenant des SPP Infirmier de SPP	Sous-officier de SPP Sapeur et Caporaux de SPP
Police		Directeur de police municipale	Chef de service de police municipale	Agent de police municipale Garde-champêtre

** Seuls ces six cadres d'emplois peuvent être recrutés sans concours*

ENTRAÎNEMENT

Les droits et obligations des fonctionnaires

QCM

1 Les droits et obligations des fonctionnaires :

- ❑ **a.** Ne s'appliquent qu'aux fonctionnaires stagiaires et titulaires
- ❑ **b.** S'appliquent à tout agent public (fonctionnaire ou non) travaillant dans une collectivité, un établissement public ou un service de l'État
- ❑ **c.** Ne concerne que les usagers du service public

2 Les fonctionnaires :

- ❑ **a.** Ne sont pas responsables de l'exécution des tâches qui leur sont confiées puisqu'ils doivent se conformer aux instructions de leur supérieur hiérarchique
- ❑ **b.** Sont tenus au secret professionnel dans le cadre des règles instituées par le code pénal
- ❑ **c.** Ne sont pas exposés à des peines pénales pour les fautes commises dans l'exercice de leurs fonctions puisqu'ils encourent une sanction disciplinaire
- ❑ **d.** Ont le devoir de satisfaire aux demandes d'information du public
- ❑ **e.** Ont droit à des congés de formation professionnelle

3 La discrétion professionnelle :

- ❑ **a.** Concerne uniquement les agents sociaux
- ❑ **b.** Concerne uniquement les professions médicales
- ❑ **c.** Concerne tous les fonctionnaires
- ❑ **d.** Impose la neutralité concernant ses opinions personnelles dans l'exercice de ses fonctions
- ❑ **e.** Impose la discrétion concernant le fonctionnement du service
- ❑ **f.** Impose de ne donner aucune information sur la vie privée des individus

4 Le droit de grève des fonctionnaires :

- ❑ **a.** Est inscrit dans le statut général des fonctionnaires
- ❑ **b.** A des conséquences pécuniaires pour les fonctionnaires grévistes
- ❑ **c.** Peut s'exercer de manière spontanée sans préavis
- ❑ **d.** Doit faire l'objet d'un préavis adressé par écrit à l'autorité territoriale

5 L'exercice du droit de retrait :

- ❑ **a.** Autorise un agent à démissionner de son poste en cas de changement de majorité municipale
- ❑ **b.** Autorise un agent à se retirer d'une situation de travail présentant un danger grave et imminent pour sa vie ou pour sa santé
- ❑ **c.** Autorise un agent à quitter son lieu de travail si son supérieur hiérarchique exerce un abus d'autorité

6 Le secret professionnel :

- ❑ **a.** Ne s'impose qu'aux fonctionnaires de la filière médico-sociale
- ❑ **b.** S'impose à tous les fonctionnaires
- ❑ **c.** Ne s'impose qu'aux médecins et aux assistants sociaux
- ❑ **d.** A été remplacé par le devoir de discrétion professionnelle
- ❑ **e.** Consiste notamment à ne pas révéler d'informations sur les familles en dehors de l'école

7 Dans ses missions, un agent a le devoir d'obéissance. Cela signifie :

- ❑ **a.** L'obligation de se conformer aux instructions émanant de son supérieur hiérarchique
- ❑ **b.** L'obligation de se conformer à un ordre de son supérieur, même illégal
- ❑ **c.** L'obligation d'apprendre aux enfants à obéir à leurs parents

8 Les droits et obligations des fonctionnaires sont énumérés dans :

- ❑ **a.** La Constitution de 1958
- ❑ **b.** La loi du 13 août 2004 relative aux libertés et responsabilités locales
- ❑ **c.** Le décret du 13 juillet 1983 portant droits et obligations des fonctionnaires
- ❑ **d.** La circulaire du 2 mars 1982 du ministère de la fonction publique
- ❑ **e.** La loi du 13 juillet 1983 portant droits et obligations des fonctionnaires

9 En qualité de fonctionnaire, vous avez droit :

- ❑ **a.** À l'accès à votre dossier individuel
- ❑ **b.** À la formation
- ❑ **c.** Au cumul des emplois
- ❑ **d.** À une rémunération au début du mois

10 Pour un fonctionnaire, le devoir de réserve signifie :

- ❑ **a.** Qu'il ne doit pas dépenser tous les crédits dont il dispose
- ❑ **b.** Qu'il doit se constituer une retraite
- ❑ **c.** Qu'il doit exprimer avec retenue ses opinions dans le service comme à l'extérieur du service
- ❑ **d.** Qu'il ne doit donner aucune information au public

11 La liberté d'opinion :

- ❑ **a.** Permet à un fonctionnaire d'adhérer au parti politique de son choix
- ❑ **b.** Permet de s'opposer au principe de laïcité selon ses convictions religieuses personnelles
- ❑ **c.** S'exerce dans le respect de l'obligation de neutralité
- ❑ **d.** Se substitue au devoir de réserve

12 Les sanctions disciplinaires dont un fonctionnaire peut faire l'objet sont notamment :

- ❑ **a.** La réprimande
- ❑ **b.** Le blâme
- ❑ **c.** La révocation
- ❑ **d.** La mise au placard

13 Dans certaines circonstances, le fonctionnaire n'est pas tenu d'obéir à son supérieur hiérarchique :

- ❑ **a.** Lorsqu'il est en désaccord avec l'ordre
- ❑ **b.** Si l'ordre n'est pas écrit
- ❑ **c.** Si l'ordre est manifestement illégal et de nature à compromettre gravement un intérêt public
- ❑ **d.** Si l'ordre est contraire à ses convictions religieuses

Vrai-Faux

14 Les fonctionnaires de l'État ont plus de devoirs que les fonctionnaires territoriaux. ❑ Vrai ❑ Faux

15 Les fonctionnaires ne sont pas responsables de l'exécution des tâches qui leur sont confiées puisqu'ils sont soumis au devoir d'obéissance hiérarchique. ❑ Vrai ❑ Faux

16 C'est la loi du 13 juillet 1983 qui énonce les droits et devoirs des fonctionnaires. ❑ Vrai ❑ Faux

17 Les droits et obligations des fonctionnaires sont les mêmes quels que soient leurs employeurs. ❑ Vrai ❑ Faux

18 Le secret professionnel ne s'impose qu'aux fonctionnaires de la filière médico-sociale. ❑ Vrai ❑ Faux

19 Le droit à la « formation statutaire », veut dire que tous les agents de la fonction publique territoriale ont l'obligation d'effectuer un certain nombre de jours de formation professionnelle durant leur carrière. ❑ Vrai ❑ Faux

20 Le CPA est un droit du fonctionnaire qui lui permet de partir en formation à son initiative, même si son supérieur hiérarchique n'est pas d'accord. ❑ Vrai ❑ Faux

21 Le CPF, c'est un maximum de 150 heures de formation pour chaque agent, qu'il peut utiliser pour suivre une formation de son choix. ❑ Vrai ❑ Faux

22 Quand un agent est recruté dans une autre collectivité ou dans un service de l'État, il perd ses heures acquises au titre du CPA dans son ancienne collectivité. ❑ Vrai ❑ Faux

23 Les fonctionnaires ne doivent en aucun cas satisfaire aux demandes d'information du public. ❑ Vrai ❑ Faux

24 Tout fonctionnaire, quel que soit son rang dans la hiérarchie, est responsable de l'exécution des tâches qui lui sont confiées. ❑ Vrai ❑ Faux

25 Une faute exposant un fonctionnaire à une sanction disciplinaire l'exonère de toute condamnation pénale. ❑ Vrai ❑ Faux

26 La discrétion professionnelle concerne uniquement les professions médicales. ❑ **Vrai** ❑ **Faux**

27 Le droit de participation autorise un fonctionnaire à participer aux réunions du conseil municipal. ❑ **Vrai** ❑ **Faux**

28 La discrétion professionnelle s'impose au fonctionnaire même en dehors des heures de travail. ❑ **Vrai** ❑ **Faux**

29 Le secret professionnel est obligatoire et ne peut jamais être levé. ❑ **Vrai** ❑ **Faux**

30 Le fonctionnaire municipal à l'obligation d'adhérer au parti politique majoritaire dans la commune. ❑ **Vrai** ❑ **Faux**

CORRIGÉS

Les droits et obligations des fonctionnaires

QCM

1. **Réponse b.** Les droits et obligations s'appliquent bien à tout agent public.

2. **Réponses b, d et e.** Le secret professionnel ne s'applique pas qu'aux personnels médical et médico-social. Toute personne en capacité *d'avoir connaissance* mais aussi *d'entendre, de voir, de constater ou de comprendre* des faits relevant du secret professionnel y est soumise. C'est le cas aussi pour des personnels travaillant dans certains laboratoires avec le secret des brevets, ou dans certains services, avec le secret de procédures (des marchés publics par exemple). Le secret, c'est la « chape de plomb », rien ne doit sortir, ni pendant le service, ni en dehors du service. Toutefois, ne pas oublier les cas de levée obligatoire du secret en cas de suspicion de maltraitance à personne vulnérable, enfant, personne âgée ou handicapée n'étant pas en capacité de se protéger. La responsabilité pénale d'un citoyen est engagée en cas de non-signalement (Art. 226-13 et 226-14 et art. 434-3 du Code pénal).

3. **Réponses c et e.** La discrétion n'est pas le secret, mais impose une certaine retenue vis-à-vis des usagers, sur le fonctionnement des services. Par exemple, face à une réclamation d'un usager, on peut admettre un dysfonctionnement, mais on ne s'étale pas sur les raisons ou les responsabilités des collègues. En revanche, on peut provoquer une réunion de service, non pas pour trouver un coupable à tout prix, mais pour réfléchir sur la mise en place d'une procédure pour que ce dysfonctionnement ne se reproduise plus. Ce devoir s'applique aussi bien pendant le travail qu'hors du travail. (d. la neutralité, concerne le droit de réserve ; f. concerne le secret professionnel).

4. **Réponses a, b et d.** La grève sur le tas comme d'autres formes de grèves (tournantes) sont illicites. Le statut particulier de certains fonctionnaires leur interdit le droit de grève, comme les préfets ou l'armée.

5. **Réponse b.** Ce droit est à utiliser avec beaucoup de précaution : uniquement en cas de danger grave et imminent.

6. Réponses b et e. Revoir les indications de la question 2.

7. Réponse a. La loi précise que le fonctionnaire n'a le devoir de désobéissance que lorsque l'ordre est manifestement illégal et de nature à compromettre gravement un intérêt public (ou la vie de quelqu'un). Ce qui réduit beaucoup les possibilités de désobéissance. Ne pas obéir à un supérieur demandant d'effectuer une tâche sous prétexte que ce n'est pas inscrit dans son profil de poste, est une faute professionnelle. Mais obéir à un supérieur qui demande d'effectuer un détournement de fonds en est une autre !

8. Réponse e.

9. Réponses a et b.

10. Réponse c. Ne jamais oublier que les droits et obligations d'un agent l'engagent 24 heures/24 et 7 Jours/7.

11. Réponses a et c. Mais cette liberté d'opinion est soumise au devoir de réserve qui impose une certaine retenue dans l'expression de son opinion.

12. Réponses b et c.

13. Réponse c. C'est le seul cas d'obligation de désobéissance hiérarchique : l'illégalité manifeste ajoutée au fait de compromettre gravement un intérêt public ou la vie de quelqu'un. Quant à la neutralité du service public et donc du fonctionnaire elle lui interdit toute manifestation religieuse dans l'exercice de ses fonctions.

Vrai-faux

14. Faux. Tous sont assujettis au titre I du statut.

15. Faux. La responsabilité et notamment pénale du fonctionnaire est toujours engagée.

16. Vrai.

17. Vrai.

18. Faux. Il s'impose à tous, mais certains, dans leurs fonctions, sont plus en situation de voir, entendre, lire, constater ou comprendre des faits qui relèvent du secret professionnel.

19. Vrai. C'est le cas de la nouvelle réglementation sur la formation professionnelle qui a pris effet à compter du 1er juillet 2008.

20. Faux. C'est un droit à formation, mais toujours soumis à l'accord de sa collectivité.

21. Vrai. Sous certaines conditions.

22. Faux. Quand un agent change d'employeur public, il arrive avec ses heures acquises au titre du CPA dans sa collectivité d'origine.

23. Faux. L'information du public est une obligation du fonctionnaire, mais dans le respect du secret professionnel, de la discrétion professionnelle et de la réglementation sur la communication des documents administratifs.

24. Vrai.

25. Faux. Ce sont deux choses différentes qui peuvent se cumuler. Même en cas d'obéissance hiérarchique, la responsabilité pénale du fonctionnaire est toujours engagée.

26. Faux. La discrétion professionnelle concerne des faits de service. Elle nécessite de la retenue dans la divulgation d'informations concernant l'organisation et le fonctionnement du service public. Elle concerne tous les agents publics.

27. Faux. En aucun cas, le fonctionnaire n'est un conseiller municipal. Le droit de participation s'exerce à travers les délégués syndicaux représentant le personnel au sein des organes locaux de participation : CAP, CT et CHS.

28. Vrai. Il est demandé une discrétion à tous les agents concernant la marche de leur service, même hors de leur lieu de travail, par exemple auprès de leur entourage, de leur voisinage. Cette discrétion s'applique 24 heures/24 et 7 Jours/7.

29. Faux. Il existe au moins un cas de levée obligatoire du secret professionnel : en cas de suspicion de maltraitance à enfant ou à personne incapable de se protéger. C'est même une obligation pénale de tout citoyen d'effectuer un signalement s'il est témoin (visuel ou auditif) d'une mise en danger ou maltraitance sur un mineur ou une personne vulnérable.

Article 226-14 du Code pénal : La sanction pour levée du secret professionnel « *n'est pas applicable dans les cas où la loi impose ou autorise la révélation du secret. En outre, (elle) n'est pas applicable :*

1° A celui qui informe les autorités judiciaires, médicales ou administratives de privations ou de sévices, y compris lorsqu'il s'agit d'atteintes ou mutilations sexuelles, dont il a eu connaissance et qui ont été infligées à un mineur ou à une personne qui n'est pas en mesure de se protéger en raison de son âge ou de son incapacité physique ou psychique ;

2° Au médecin qui, avec l'accord de la victime, porte à la connaissance du procureur de la République les sévices ou privations qu'il a constatés, sur le plan physique ou psychique, dans l'exercice de sa profession et qui lui permettent de présumer que des violences physiques, sexuelles ou psychiques de toute nature ont été commises. Lorsque la victime est un mineur ou une personne qui n'est pas en mesure de se protéger en raison de son âge ou de son incapacité physique ou psychique, son accord n'est pas nécessaire ;

3° Aux professionnels de la santé ou de l'action sociale qui informent le préfet et, à Paris, le préfet de police du caractère dangereux pour elles-mêmes ou pour autrui des personnes qui les consultent et dont ils savent qu'elles détiennent une arme ou qu'elles ont manifesté leur intention d'en acquérir une.

Le signalement aux autorités compétentes effectué dans les conditions prévues au présent article ne peut faire l'objet d'aucune sanction disciplinaire. »

30. Faux. Le fonctionnaire bénéficie du droit à la liberté d'opinion. Toutefois, cette liberté est atténuée par le devoir de réserve dans la manifestation de cette opinion qui impose une retenue et une loyauté du fonctionnaire vis-à-vis de son employeur.

ENTRAÎNEMENT

Le déroulement de carrière d'un agent de la fonction publique territoriale

QCM

1 Les agents territoriaux spécialisés des écoles maternelles constituent :

- ❑ **a.** Un cadre d'emplois de catégorie C
- ❑ **b.** Un cadre d'emplois de catégorie B
- ❑ **c.** Un cadre d'emplois médico-social
- ❑ **d.** Un cadre d'emplois technique
- ❑ **e.** Un poste
- ❑ **f.** Une filière
- ❑ **g.** Un corps

2 Qui est le chef hiérarchique de l'ensemble du personnel communal ?

- ❑ **a.** Le préfet
- ❑ **b.** Le chef de service
- ❑ **c.** Le directeur général des services communaux
- ❑ **d.** Le maire
- ❑ **e.** Le directeur de l'école

3 Pour vous nommer agent territorial spécialisé des écoles maternelles, le maire prend :

- ❑ **a.** Une délibération
- ❑ **b.** Une circulaire
- ❑ **c.** Un arrêté réglementaire
- ❑ **d.** Une ordonnance
- ❑ **e.** Un arrêté individuel

4 Le fonctionnaire territorial est titulaire

- ❑ **a.** De son poste
- ❑ **b.** De son emploi

- ❑ **c.** De son grade
- ❑ **d.** De son cadre d'emplois

5 Un fonctionnaire territorial qui rejoint la fonction publique de l'État :
- ❑ **a.** Fait jouer son droit à détachement
- ❑ **b.** Fait jouer son droit à mutation
- ❑ **c.** Effectue une rotation

6 Les professeurs des écoles publiques :
- ❑ **a.** Sont des fonctionnaires de l'État
- ❑ **b.** Sont des fonctionnaires territoriaux
- ❑ **c.** Sont nommés par le maire
- ❑ **d.** Sont nommés par l'Inspection académique

7 La promotion interne :
- ❑ **a.** Permet de changer de cadre d'emploi
- ❑ **b.** Parfois permet de changer de catégorie
- ❑ **c.** Permet de changer de grade dans un même cadre d'emploi
- ❑ **d.** Dépend exclusivement de la volonté du Maire
- ❑ **e.** Est de droit

8 Les positions administratives que peut avoir un fonctionnaire sont :
- ❑ **a.** L'activité
- ❑ **b.** Le détachement
- ❑ **c.** Le congé parental
- ❑ **d.** La mutation
- ❑ **e.** Les disponibilités
- ❑ **f.** La mise à la retraite
- ❑ **g.** Le congé maternité (ou paternité)

9 La titularisation des ATSEM intervient, sauf dispense :
- ❑ **a.** À l'issue d'une année de stage
- ❑ **b.** Dès le recrutement par la collectivité
- ❑ **c.** Avant la réussite du concours d'ATSEM

10 La liste d'aptitude :
- ❑ **a.** A une valeur nationale
- ❑ **b.** N'est valable que dans le département où a été passé le concours
- ❑ **c.** Est valable un an

- ❑ **d.** Est valable deux ans
- ❑ **e.** Est valable un an renouvelable deux fois

11 Qu'est-ce que la VAE ?
- ❑ **a.** La vérification des aptitudes élémentaires
- ❑ **b.** La validation des acquis de l'expérience
- ❑ **c.** La valeur des avantages exceptionnels
- ❑ **d.** La valeur ajoutée à l'emploi

Vrai-Faux

La carrière du fonctionnaire

12 Au bout d'un an, un fonctionnaire stagiaire est automatiquement titularisé. ❑ **Vrai** ❑ **Faux**

13 Ne pas avoir fait sa formation d'intégration n'empêche pas la titularisation de l'agent. ❑ **Vrai** ❑ **Faux**

14 Pour changer de grade, il faut passer un concours. ❑ **Vrai** ❑ **Faux**

15 Dans chaque cadre d'emplois, il existe plusieurs grades. ❑ **Vrai** ❑ **Faux**

16 Quand on obtient un diplôme on passe automatiquement au cadre d'emplois supérieur. ❑ **Vrai** ❑ **Faux**

17 Pour changer de cadre d'emplois, il faut généralement passer un concours. ❑ **Vrai** ❑ **Faux**

18 Le passage d'un échelon à l'autre est automatique. ❑ **Vrai** ❑ **Faux**

19 C'est le maire qui décide du temps à passer dans un échelon avant de passer à l'échelon suivant. ❑ **Vrai** ❑ **Faux**

20 Le fonctionnaire est titulaire de son emploi. ❑ **Vrai** ❑ **Faux**

21 La formation tout au long de la carrière ne s'applique qu'aux agents de catégorie A. ❑ **Vrai** ❑ **Faux**

22 Quand on est fonctionnaire on ne peut plus être licencié. ❑ **Vrai** ❑ **Faux**

23 La création des emplois municipaux est décidée par le conseil municipal. ❑ **Vrai** ❑ **Faux**

24 La création des services et des emplois départementaux territoriaux est décidée par le préfet. ❑ **Vrai** ❑ **Faux**

25 Le maire peut prendre un arrêté pour recruter un professeur à l'école primaire. ❑ **Vrai** ❑ **Faux**

ENTRAÎNEMENT

26 Le principe du concours ne s'applique qu'à la fonction publique territoriale. ❑ Vrai ❑ Faux

27 Les catégories A, B et C sont des catégories hiérarchiques. ❑ Vrai ❑ Faux

28 Dans son cadre d'emplois, le fonctionnaire est titulaire de son grade. ❑ Vrai ❑ Faux

29 Il existe huit filières dans la fonction publique territoriale. ❑ Vrai ❑ Faux

30 Avant que le maire ne puisse prendre une sanction disciplinaire à l'encontre d'un agent, il est tenu de solliciter l'avis du CT. ❑ Vrai ❑ Faux

La rémunération

31 Le maire ne peut décider seul de la rémunération et des primes accordées aux agents de la commune. ❑ Vrai ❑ Faux

32 Le régime indemnitaire est voté par le conseil municipal. ❑ Vrai ❑ Faux

33 Les fonctionnaires municipaux sont rémunérés sur le budget de l'État. ❑ Vrai ❑ Faux

34 Le régime indemnitaire est facultatif. ❑ Vrai ❑ Faux

35 Le salaire indiciaire suit l'évolution du CAC 40. ❑ Vrai ❑ Faux

36 À situation égale, deux adjoints techniques au 2e échelon du second grade, ayant deux enfants et travaillant dans une petite commune rurale, percevront le même traitement, quel que soit leur employeur. ❑ Vrai ❑ Faux

37 L'indemnité de résidence est identique dans toute la France. ❑ Vrai ❑ Faux

38 Il peut être institué un salaire au mérite dans une collectivité territoriale. ❑ Vrai ❑ Faux

Les positions administratives

39 La position administrative habituelle d'un fonctionnaire est l'activité. ❑ Vrai ❑ Faux

40 Le détachement est une position que peut voir un fonctionnaire. ❑ Vrai ❑ Faux

41 La mutation n'est pas une position administrative. ❑ Vrai ❑ Faux

42 Quand un fonctionnaire de l'État va travailler dans un service départemental du conseil départemental, il bénéficie d'une mutation. ❑ Vrai ❑ Faux

43 Passer d'agent communal à agent dans un service de l'État nécessite un détachement. ❑ Vrai ❑ Faux

44 On peut être mis à disposition d'une autre personne (agent communal mis à la disposition du CCAS) pour une durée indéterminée. ❑ Vrai ❑ Faux

45 Quand un agent municipal est recruté dans un conseil départemental, il est muté. ❑ Vrai ❑ Faux

46 La disponibilité pour élever ses enfants est un congé rémunéré. ❑ Vrai ❑ Faux

47 La disponibilité pour suivre son conjoint est une position administrative. ❑ Vrai ❑ Faux

48 Quand un agent mute vers une autre collectivité, sa collectivité d'origine archive l'intégralité de son dossier personnel. ❑ Vrai ❑ Faux

Exercice : Le déroulement de carrière

Madame COUFFIN, qui a réussi le concours des auxiliaires de puériculture, vient de recevoir son arrêté de nomination à la crèche départementale.

De quelle fonction publique devient-elle fonctionnaire ? Dans quelle filière entre-t-elle ?

Dans quel cadre d'emploi ?

Quel grade ?

Quel échelon ?

Quelles sont ses fonctions, ses activités ?

Quel est son rôle, sa mission ?

Si dans un an, après sa période de stage, elle est titularisée,

à quel échelon sera-t-elle ?

à quel indice ?

Quel sera son salaire mensuel de base (pour une valeur du point d'environ 4,68 €)

CORRIGÉS

Le déroulement de carrière d'un agent de la fonction publique territoriale

QCM

1. Réponses a et c.

2. Réponse d. Le DGSM et la DRH n'agissent que par délégation du maire.

3. Réponse e. L'arrêté réglementaire a une portée collective.

4. Réponse d.

5. Réponse a.

6. Réponses a et d. Les enseignants sont des agents de l'État, recrutés, formés et rémunérés sur le budget de l'État.

7. Réponses a et b. À l'intérieur du cadre d'emplois, cela s'appelle un avancement de grade. La promotion interne permet de changer de cadre d'emplois. Parfois, ce changement s'accompagne d'un changement de catégorie hiérarchique : passer d'adjoint administratif à rédacteur fait passer l'agent de la catégorie C à la catégorie B.

8. Réponses a, b, c et e. Une position administrative est une nouvelle situation dans laquelle va être placé l'agent mais pour un temps donné. À l'issue de la période il y aura retour à la situation antérieure ou intégration définitive dans une nouvelle situation. Le détachement est une position transitoire. La mutation n'est qu'un simple changement d'employeur dans la même fonction publique qui n'a aucun caractère transitoire. L'agent est rayé des cadres de son ancien employeur. L'employeur d'origine transfert le dossier de l'agent à son nouvel employeur.

9. Réponse a.

10. Réponses a et e. En cas de non-nomination dans l'année qui suit la réussite au concours, attention à bien faire la demande de renouvellement d'inscription avant la fin de chaque année, sans quoi le nom du candidat serait rayé de la liste et il perdrait la validité de son concours.

11. Réponse b. Elle permet à un agent de faire valider son expérience professionnelle et extraprofessionnelle en vue d'obtenir tout ou partie d'une certification (diplôme, titre à finalité professionnelle ou certificat de qualification professionnelle). Cette expérience, en lien avec la certification visée, est validée par un jury.

Vrai-Faux

La carrière du fonctionnaire

12. Faux. Au bout d'un an, il y aura un rapport de fin de stage établi par le supérieur hiérarchique de l'agent. Si les compétences acquises par l'agent au cours de cette année de stage sont au niveau de ce que l'on attend de lui, l'avis sera probablement favorable, et l'exécutif pourra éventuellement procéder à la titularisation. Mais si ce n'est pas le cas, il peut être proposé une prolongation du stage qui peut aller jusqu'à une nouvelle année supplémentaire, à l'issue de laquelle un nouveau rapport sera établi. S'il est favorable, la titularisation sera prononcée, sinon, la collectivité se séparera de cet agent ou, s'il était déjà titulaire d'un autre grade, il réintégrera son ancien cadre d'emplois.

13. Faux. Si la collectivité n'a pas l'attestation de formation effectuée par l'agent auprès du CNFPT correspondant à la formation d'intégration de l'agent, elle ne peut procéder à la titularisation de cet agent.

14. Faux. Ne pas confondre grade et cadre d'emplois. À l'intérieur d'un cadre d'emplois l'avancement de grade peut se faire, après inscription au tableau d'avancement, au choix ou après examen professionnel. Une exception pour les 6 cadres d'emplois où l'accès au 1er grade se fait sans concours. De ce fait, c'est l'accès au 2e grade qui se fait soit par concours (passer d'adjoint administratif 2e classe à adjoint administratif 1re classe) soit après inscription au tableau d'avancement.

15. Vrai. Dans la presque totalité des cadres d'emplois.

16. Faux. Il y a le préalable d'égalité de tous devant l'emploi public qui nécessite donc le passage du concours pour l'accès à ce nouveau cadre d'emplois. D'autant que la collectivité n'a pas forcément besoin d'un agent de ce cadre d'emploi : dans quel service employer un agent qui reviendrait, après un congé formation, avec son diplôme d'auxiliaire de puériculture, si elle ne gère pas de crèche en gestion directe ?

17. Vrai.

18. Vrai. À chaque grade est attachée une échelle indiciaire. Le passage d'échelon est automatique à l'intérieur du grade.

19. Faux. Le temps à passer dans chaque échelon est inscrit dans les échelles indiciaires attachées à chaque grade de chaque cadre d'emplois des statuts de la fonction publique. Sa seule marge de manœuvre se situe éventuellement entre le temps minimum et le temps maximum à passer dans chaque échelon.

20. Faux. Il est titulaire de son grade, mais pas de son emploi, son poste de travail.

21. Faux. Elle s'applique à tous les agents et son exécution conditionne l'évolution future de la carrière de l'agent.

22. Faux. Le licenciement existe tout à fait dans la fonction publique.

23. Vrai. Ce sont les conseils qui votent la création des postes (des emplois), puisqu'eux seuls peuvent voter au budget la somme nécessaire à la rémunération de l'agent qui occupera ce poste. Mais les conseils ne décident jamais du recrutement de tel ou tel candidat, ce choix appartenant à l'organe exécutif, chef du personnel.

24. Faux. Il vérifiera simplement que ces créations ou recrutements sont effectués dans le respect des textes.

25. Faux. Les enseignants sont des personnels relevant de l'État.

26. Faux. C'est un principe inscrit dans le titre I du statut de la fonction publique, qui s'applique à l'ensemble des emplois publics. Mais pour certains corps de l'État ou de la fonction publique hospitalière, le concours ne consiste qu'en un entretien avec un jury qui s'apparente pour le candidat à un simple entretien de recrutement.

27. Vrai.

28. Vrai.

29. Vrai. Voir le tableau, p. 220-221.

30. Faux. L'avis de la CAP.

La rémunération

31. Vrai. Dans la mesure où attribuer ou non une prime à l'ensemble des agents a forcément une incidence budgétaire, et qu'il n'appartient qu'au conseil municipal de décider du budget, le maire ne peut donc décider seul d'attribuer des primes à tel ou tel service ou cadre d'emplois. Quant à la rémunération, elle est basée sur les grilles indiciaires inscrites dans le statut et sur la valeur du point, sur lequel seul l'État a pouvoir. En revanche, dans sa gestion des agents en qualité de supérieur hiérarchique, il peut seul décider d'attribuer ou non une prime à un agent, si le montant a été préalablement inscrit au budget. Toutefois, l'application d'un régime indemnitaire dans la collectivité doit recueillir préalablement l'avis du comité technique paritaire.

32. Vrai. Dans sa globalité, mais c'est à l'exécutif de décider de l'attribuer personnellement à chaque agent, dans le cadre de sa gestion des ressources humaines.

33. Faux. Ils sont rémunérés sur le budget communal.

34. Vrai. Hormis le régime national de la prime de résidence et le supplément familial qui ne dépendent pas de l'avis de l'employeur mais de la situation géographique de la collectivité ou de la composition familiale de l'agent. Toutes les autres primes sont à l'appréciation de chaque collectivité ou établissement public local.

35. Faux. C'est l'État qui décide de la valeur du point indiciaire qu'il publie au Journal officiel. Tous les employeurs publics sont tenus d'appliquer cette valeur indiciaire aux rémunérations de tous leurs agents statutaires.

36. Vrai. À situation égale : même indice de rémunération, même zone géographique, même nombre d'enfants, cela est vrai pour ces trois éléments, quel que soit l'employeur. Par exemple, une femme touchera exactement le même salaire que son collègue homme dans la même situation. En revanche, le régime indemnitaire (les primes) est tout à fait variable selon la collectivité employeuse.

37. Faux. Elle varie de 3 % du salaire de base pour les collectivités et services de l'État situé dans les grandes villes, 1 % pour les zones intermédiaires, et 0 % pour tout le reste du territoire. Les zones sont publiées au journal officiel.

38. Vrai. Toutefois, le salaire au mérite ne peut s'exercer que sur les éléments de rémunération facultatifs comme les primes. La part du salaire correspondant à l'indice de l'agent dans son grade est fixe. Cependant, il est possible d'agir sur les durées de l'avancement d'échelon (variabilité entre temps mini et temps maxi) et bien sûr sur le régime indemnitaire qui est facultatif.

Les positions administratives

39. Vrai.

40. Vrai. Il propose une mobilité horizontale, d'une fonction publique à une autre fonction publique. Les statuts particuliers changent d'une fonction publique à une autre.

41. Vrai. C'est une mobilité verticale, un simple changement d'employeur dans la même fonction publique, donc avec les mêmes statuts particuliers.

42. Faux. C'est un détachement, il y a changement de fonction publique, donc aussi de statuts particuliers.

43. Vrai.

44. Faux. Toutes les positions administratives ne sont valides que par un arrêté de l'exécutif qui place l'agent dans une situation précise, pour un temps donné. À l'issue de cette période, une nouvelle décision sera nécessaire, soit la collectivité ou l'agent demande la prolongation de sa mise à disposition (ou de toute autre position), soit la collectivité ou l'agent demande à réintégrer son administration d'origine.

45. Vrai. Il reste sous le statut de la fonction publique territoriale.

46. Faux. C'est un congé sans solde. Ce congé peut s'étendre jusqu'au huitième anniversaire de l'enfant.

47. Vrai. L'agent est placé par arrêté, dans cette position, pour un an, éventuellement renouvelable à la demande de l'agent, tant que le motif est toujours d'actualité. Il n'y a pas de limite de temps.

48. Faux. La collectivité d'origine fait suivre le dossier de l'agent auprès de la nouvelle collectivité employeuse.

Exercice : Le déroulement de carrière

Madame COUFFIN, qui a réussi le concours des auxiliaires de puériculture, vient de recevoir son arrêté de nomination.

De quelle fonction publique devient-elle fonctionnaire ? La fonction publique territoriale

Dans quelle filière entre-t-elle ? La filière médico-sociale

Dans quel cadre d'emplois ? Le cadre d'emplois des auxiliaires de puériculture

Quel grade ? Le grade d'auxiliaire de puériculture principale 1re classe

Quel échelon ? Au 1er échelon

Quelles sont ses fonctions, ses activités ? Elle prend en charge l'enfant individuellement et en groupe, participe à l'élaboration et au suivi du projet de vie de l'établissement, collabore à la distribution des soins quotidiens et mène les activités d'éveil qui contribuent au développement de l'enfant. Elle est également amenée à accueillir des élèves-auxiliaires dans la section (Attention, fonctions ne veut pas dire : déroulement de tâches, planning...).

Quel est son rôle, sa mission ? Sous la responsabilité de la personne assurant la direction de l'établissement, l'auxiliaire de puériculture prend soin de chaque enfant qui lui est confié de façon individualisée et en groupe mais adaptée à chacun, dans le but de favoriser son développement psycho-affectif, somatique et intellectuel, en situant son action dans le projet d'équipe.

Dans un an, après sa période de stage, elle est titularisée, au 2e échelon, à l'indice 355.

Quel sera son salaire mensuel de base (valeur du point 4,63 €) :

$$355 \times 4{,}68 = 1\ 661{,}40\ €$$

Que veut dire :

La CAP : La commission administrative paritaire

Le CT : Le comité technique

Le CHS : Le comité d'hygiène et de sécurité

Fonction publique

ENTRAÎNEMENT

Les organismes participatifs de la fonction publique

QCM

1 Cet organe paritaire créé pour chaque catégorie de fonctionnaires donne notamment son avis sur les refus de titularisation ou les avancements d'échelon. C'est :

- ❑ **a.** Le centre national de la fonction publique territoriale
- ❑ **b.** La commission administrative paritaire
- ❑ **c.** Le conseil supérieur de la fonction publique territoriale
- ❑ **d.** Le comité technique paritaire

2 Le comité technique (CT) est :

- ❑ **a.** Un organisme paritaire, composé de représentants des élus et de représentants du personnel
- ❑ **b.** Notamment consulté pour tout ce qui concerne l'organisation des services et leurs conditions générales de fonctionnement
- ❑ **c.** Compétent en matière de formation professionnelle
- ❑ **d.** Uniquement composé d'élus
- ❑ **e.** Uniquement composé de représentants du personnel

3 Cochez les organismes paritaires :

- ❑ **a.** Comité technique paritaire
- ❑ **b.** Comité des œuvres sociales
- ❑ **c.** Comité d'hygiène et de sécurité
- ❑ **d.** Conseil municipal
- ❑ **e.** Commission administrative paritaire

4 Établissement public national, il a en charge la formation des fonctionnaires territoriaux et l'organisation de certains concours d'accès à la fonction publique territoriale. C'est :

- ❑ **a.** Le conseil supérieur de la fonction publique territoriale (CSFPT)
- ❑ **b.** La direction générale des collectivités locales (DGCL)
- ❑ **c.** Le centre national de la fonction publique territoriale (CNFPT)
- ❑ **d.** Le centre de gestion de la fonction publique territoriale
- ❑ **e.** Le ministère de l'Intérieur

5 Cet organisme paritaire, composé de représentants de l'administration et de représentants du personnel, est notamment consulté en matière de notation et de promotion interne. C'est :

- ❑ **a.** Le comité d'hygiène et de sécurité (CHS)
- ❑ **b.** Le comité technique (CT)
- ❑ **c.** Le conseil supérieur de la fonction publique territoriale (CSFPT)
- ❑ **d.** Le centre national de la fonction publique territoriale (CNFPT)
- ❑ **e.** La commission administrative paritaire (CAP)

6 Le comité technique donne son avis :

- ❑ **a.** Sur les notations
- ❑ **b.** Sur les horaires de travail dans la collectivité
- ❑ **c.** Sur l'indemnité à verser à Monsieur X
- ❑ **d.** Sur le régime indemnitaire à mettre en place dans la collectivité
- ❑ **e.** Sur les accidents et maladies professionnelles survenus dans la collectivité

7 Un problème relatif à la titularisation d'un agent sera examiné par :

- ❑ **a.** Le comité d'hygiène et de sécurité
- ❑ **b.** La commission administrative paritaire
- ❑ **c.** Le comité technique paritaire

Vrai-Faux

8 La CAP veut dire capacité d'admission professionnelle. ❑ **Vrai** ❑ **Faux**

9 La CAP s'occupe des situations individuelles des agents au sein de la collectivité. ❑ **Vrai** ❑ **Faux**

10 Les comités sont dits paritaires parce qu'ils siègent à Paris. ❑ **Vrai** ❑ **Faux**

11 L'organisme qui est consulté en matière de notation et de promotion interne est le CHS. ❑ **Vrai** ❑ **Faux**

12 L'organisme chargé de la formation professionnelle des personnels territoriaux est le CNFPT. ❑ **Vrai** ❑ **Faux**

13 Le CT est un organe paritaire composé de représentants des élus et de représentants du personnel. ❑ **Vrai** ❑ **Faux**

14 Un agent peut saisir la CAP pour effectuer un recours concernant sa notation. ❑ **Vrai** ❑ **Faux**

15 CNFPT veut dire Centre national de la formation professionnelle territoriale. ❑ **Vrai** ❑ **Faux**

16 Le CT est consulté sur le plan de formation de la collectivité. ❑ **Vrai** ❑ **Faux**

17 Les délégués syndicaux siègent aux CT et au CHS, mais pas à la CAP. ❑ **Vrai** ❑ **Faux**

18 Les centres de gestion sont des établissements publics. ❑ **Vrai** ❑ **Faux**

19 Les centres de gestion sont compétents pour l'organisation de la formation des fonctionnaires. ❑ **Vrai** ❑ **Faux**

20 Les centres de gestion sont aussi des organes paritaires. ❑ **Vrai** ❑ **Faux**

21 Avant un éventuel second refus pour une même formation, la collectivité est tenue de demander l'avis de la CAP. ❑ **Vrai** ❑ **Faux**

22 La CAP s'occupe des questions sur les situations individuelles des agents toutes catégories confondues. ❑ **Vrai** ❑ **Faux**

CORRIGÉS

Les organismes participatifs de la fonction publique

QCM

1. **Réponse b.** La commission administrative paritaire s'intéresse aux situations individuelles des agents. Il y a une CAP pour chaque catégorie d'agents : une CAP pour les agents de catégorie A, une CAP pour ceux de catégorie B...

2. **Réponses a, b et c.** Contrairement à la CAP, qui s'occupe des situations individuelles des agents, le CT est consulté sur l'organisation générale du travail dans la collectivité : temps de travail, horaires d'ouverture des services, régime indemnitaire, plan de formation...

3. **Réponses a, c et e.**

4. **Réponse c.**

5. **Réponse e.**

6. **Réponses b et d.** Le CT ne s'intéresse qu'aux questions collectives dans la collectivité.

7. **Réponse b.** Puisque cela relève d'une question individuelle.

Vrai-faux

8. **Faux.** Commission administrative paritaire.

9. **Vrai.**

10. **Faux.** Paritaire veut dire égalité. Dans ces organes il s'agit d'égalité entre les représentants des employeurs (représentant les collectivités territoriales) et les délégués syndicaux (représentant le personnel des collectivités).

11. **Faux.** Il s'agit de la commission administrative paritaire.

12. **Vrai.**

13. Vrai.

14. Vrai.

15. Faux. Centre national de la fonction publique territoriale.

16. Vrai.

17. Faux. Ils siègent au sein de ces trois organes de participation où ils représentent le personnel.

18. Vrai.

19. Faux. La formation est la compétence du CNFPT.

20. Faux. Ne siègent à leur conseil d'administration que des représentants des employeurs.

21. Vrai. Mais ces organes ne donnent jamais que des avis, cela veut dire que l'exécutif de la collectivité n'est légalement pas tenu de suivre cet avis, ce qu'il fait pourtant dans l'immense majorité des cas.

22. Faux. La CAP s'occupe des situations individuelles des agents, mais il y a une CAP pour chaque catégorie hiérarchique A, B ou C.

LA FONCTION PUBLIQUE EN MOTS CROISÉS

Verticalement

1. Elle tombe après la faute
2. Il garantit l'égalité d'accès à l'emploi public
3. La demande du supérieur s'impose quasiment toujours
5. Ne pas l'appliquer peut être pris comme abandon de poste
5. Elle ne peut être refusée au public
8. Elle permet l'amélioration des compétences
10. Elle est garantie dès la Déclaration des droits de l'homme
10. A ne surtout pas faire
11. A chacun peut être associé plusieurs emplois
14. Sa valeur est décidée par le gouvernement
14. Elle est définie par le chef et dans le profil de poste
17. Sa mention ne doit pas être incompatible avec les fonctions
17. L'employeur doit l'assurer à son agent
19. Sur le tas, elle est interdite
20. Marque l'entrée dans la fonction publique
21. Son profil précise vos fonctions

Horizontalement

A. Est consultée pour avis sur les situations individuelles
B. Période d'essai
C. Il augmente avec le temps
D. Son passage a une incidence sur l'indice
E. Il permet de passer d'un grade à l'autre
F. Il oblige au silence
G. Il peut y en avoir plusieurs dans le cadre
G. Il s'intéresse aux agents de façon collective
H. Il prend en charge la formation des fonctionnaires territoriaux
J. Garantit que ses idées ne lui empêchent pas l'accès à l'emploi public
L. C'est la fonction publique du titre II

M. Autorise un changement d'employeur

N. L'équivalent du droit du travail

O. Devoir de sincérité envers son employeur

P. Sont très appréciés

Q. S'intéresse à la sécurité des agents

R. Départ pour une autre vie

T. Elle disparaît au profit de l'évaluation

T. Permet de ne pas effectuer une formation obligatoire

V. Changement de collectivités

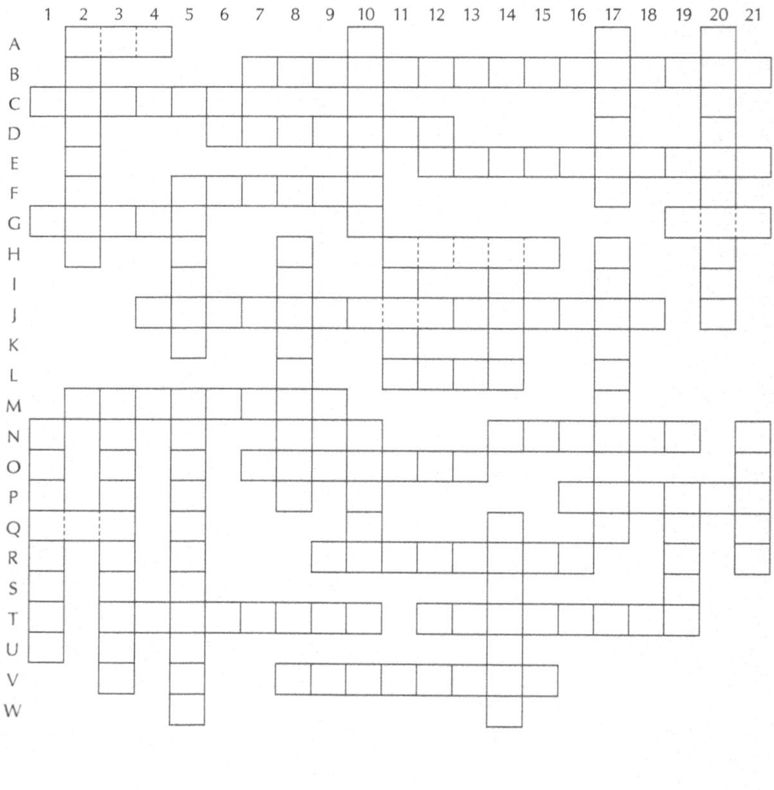

La fonction publique en mots croisés

	1	2	3	4	5	6	7	8	9	10	11	12	13	14	15	16	17	18	19	20	21	
A			C	A	P						E							C			N	
B			O					S	T	A	G	I	A	I	R	I	S	A	T	I	O	N
C		I	N	D	I	C	E				A							S			M	
D			C				E	C	H	E	L	O	N					I			I	
E			O								I		A	V	A	N	C	E	M	E	N	T
F			U			S	E	C	R	E	T							R			A	
G		G	R	A	D	E					E									C	T	P
H			S			R			F			C	N	F	P	T		P			I	
I						V			O			A			O			R			O	
J					L	I	B	E	R	T	E	D	O	P	I	N	I	O	N		N	
K						R			M			R			N			T				
L									A			E	T	A	T			E				
M			M	O	B	I	L	I	T	E								C				
N		S		B		N			I		F				S	T	A	T	U	T		P
O		A		E		F		L	O	Y	A	U	T	E				I				O
P		N		I		O			N		U						C	O	N	G	E	S
Q		C	H	S		R					T				M			N		R		T
R		T		S		M				R	E	T	R	A	I	T	E			E		E
S		I		A		A									S					V		
T		O		N	O	T	A	T	I	O	N		D	I	S	P	E	N	S	E		
U		N		C		I									I							
V				E		O			M	U	T	A	T	I	O	N						
W						N									N							

Conception Odile Meyer ®

ANNEXES

1 Le CNFPT

Les services centraux du CNFPT

www.cnfpt.fr
10-12, rue d'Anjou
75381 PARIS CEDEX 08
Standard général : 01 55 27 44 00
Standard concours : 01 55 27 41 61

Les délégations régionales du CNFPT

ALSACE-MOSELLE
5, rue des Récollets - BP 54093
57040 METZ CEDEX 01
Tél. : 03 87 39 97 40
www.alsacemoselle.cnfpt.fr

AQUITAINE
71, allée Jean-Giono
33075 BORDEAUX CEDEX
Tél. : 05 56 99 93 50
www.aquitaine.cnfpt.fr

AUVERGNE
23, place Delille
BP 397
63011 CLERMONT-FERRAND CEDEX 1
Tél. : 04 73 74 52 20
www.cnfpt-auvergne.fr

BOURGOGNE
6-8, rue Marie-Curie
BP 37904
21079 DIJON CEDEX
Tél. : 03 80 74 77 00
www.bourgogne.cnfpt.fr

CORSE
57, avenue de Verdun
Route du Salario
20000 AJACCIO
Tél. : 04 95 50 45 00
www.corse.cnfpt.fr

FRANCHE-COMTÉ
3 bis, rue André-Boulloche
BP 2087
25051 BESANÇON CEDEX
Tél. : 03 81 41 98 49
www.franchecomte.cnfpt.fr

LANGUEDOC-ROUSSILLON
337, rue des Apothicaires
Parc Euromédecine
34196 MONTPELLIER CEDEX 5
Tél. : 04 67 61 77 77
www.lr.cnfpt.fr

LIMOUSIN
Cheops 87
55, rue de l'Ancienne-École-Normale-d'Instituteurs – BP 339
87009 LIMOGES CEDEX
Tél. : 05 55 30 08 70
www.limousin.cnfpt.fr

BRETAGNE
Parc Innovation de Bretagne Sud - CP 58
56038 VANNES CEDEX
Tél. : 02 97 47 71 00
www.bretagne.cnfpt.fr

CENTRE
6, rue de l'Abreuvoir
BP 33
45015 ORLÉANS CEDEX 1
Tél. : 02 38 78 94 94
www.centre.cnfpt.fr

CHAMPAGNE-ARDENNE
1, esplanade Lucien-Péchart
BP 3046 - 10012 TROYES CEDEX
Tél. : 03 25 83 10 60
www.champagne-ardenne.cnfpt.fr

BASSE-NORMANDIE
17, avenue de Cambridge
CITIS
14209 HEROUVILLE-ST-CLAIR CEDEX
Tél. : 02 31 46 20 50
www.basse-normandie.cnfpt.fr

LORRAINE
39, rue de Beauregard
BP 23604
54016 NANCY CEDEX
Tél. : 03 83 95 51 51
www.lorraine.cnfpt.fr

MIDI-PYRÉNÉES
9, rue Alex Coutet
BP 82312
31023 TOULOUSE CEDEX 1
Tél. : 05 62 11 38 00
www.midipyrenees.cnfpt.fr

NORD-PAS-DE-CALAIS
10, rue Meurein - BP 2020
59012 LILLE CEDEX
Tél. : 03 20 15 69 69
www.npdc.cnfpt.fr

RHÔNE-ALPES LYON
18, rue Edmond-Locard
69322 LYON CEDEX 05
Tél. : 04 72 32 43 00
www.rhone-alpes-lyon.cnfpt.fr

HAUTE-NORMANDIE
20, quai Gaston-Boulet
BP 4072
76022 ROUEN CEDEX
Tél. : 02 35 98 24 30
www.haute-normandie.cnfpt.fr

PAYS DE LA LOIRE
60, boulevard Victor Beaussier
BP 40205
49002 ANGERS CEDEX 1
Tél. : 02 41 77 37 37
www.paysdelaloire.cnfpt.fr

PICARDIE
Site Friant
16, square des Quatre-Chênes
80011 AMIENS CEDEX 01
Tél. : 03 22 33 78 20
www.picardie.cnfpt.fr

POITOU-CHARENTES
13, rue Saint Hilaire - BP 384
86010 POITIERS CEDEX
Tél. : 05 49 50 34 34
www.poitoucharentes.cnfpt.fr

PREMIÈRE COURONNE
145, avenue Jean-Lolive
93695 PANTIN CEDEX
Tél. : 01 41 83 30 00
www.premierecouronne.cnfpt.fr

GRANDE COURONNE
Quartier des Chênes
7 rue Émile-et-Charles-Pathé
78280 GUYANCOURT cedex
Tél. : 01 30 96 13 50
www.grandecouronne.cnfpt.fr

GUADELOUPE
17, avenue Paul-Lacavé
BP 575
97108 BASSE-TERRE CEDEX
Tél. : 05 90 99 07 70
www.guadeloupe.cnfpt.fr

GUYANE
26 rue François-Arago
BP 27
97321 CAYENNE CEDEX
Tél. : 05 94 29 68 00
www.guyane.cnfpt.fr

PROVENCE-ALPES-CÔTE D'AZUR
Chemin de la Planquette
BP 40125
83957 LA GARDE CEDEX
Tél. : 04 94 08 96 00
www.paca.cnfpt.fr

RHÔNE-ALPES GRENOBLE
Domaine universitaire
440, rue des Universités
BP 51
38402 SAINT-MARTIN D'HÈRES cedex
Tél. : 04 76 15 01 00
www.rhone-alpes-grenoble.cnfpt.fr

MAYOTTE
CFA - Kaweni - BP 678
97600 MAMOUZDOU
Tél. : 02 69 64 85 00
Le siège
www.mayotte.cnfpt.fr

MARTINIQUE
Maison des collectivités territoriales
ZAC Étang Z'abricots
BP 674
97264 FORT-DE-FRANCE CEDEX
Tél. : 05 96 70 20 70
www.martinique.cnfpt.fr

RÉUNION
4, rue Camille-Vergoz
BP 822
97476 ST-DENIS DE LA RÉUNION Cedex
Tél. : 02 62 90 28 28
www.reunion.cnfpt.fr

2 Les centres de gestion (CDG) ou centres interdépartementaux de gestion (CIG)

Les coordonnées des CDG et CIG sont disponibles sur l'annuaire du site de la Fédération nationale des centres de gestion (FNCDG) : www.fncdg.com

pca
cmb
édition pré-presse
livres numériques

44400 Rezé

82381 – (II) – OSB 80° – PCA – BTT
Dépôt légal : mars 2021 – Suite du tirage : juillet 2021

Achevé d'imprimer par Dupli-Print à Domont (95)
N° d'impression : 2021070477
www.dupli-print.fr

Imprimé en France